coragem

para ser

coragem
para ser

kenner terra

coragem para ser como experienciar Deus em um mundo fragmentado

mundo**cristão**

Copyright © 2025 por Kenner Terra

Os textos bíblicos foram extraídos da *Nova Versão Transformadora* (NVT), da Tyndale House Foundation, salvo indicação específica.

Todos os direitos reservados e protegidos pela Lei 9.610, de 19/02/1998.

É expressamente proibida a reprodução total ou parcial deste livro, por quaisquer meios (eletrônicos, mecânicos, fotográficos, gravação e outros), sem prévia autorização, por escrito, da editora.

Edição
Daniel Faria
Revisão
Camila Lima
Produção
Felipe Marques
Diagramação
Gabrielli Casseta
Colaboração
Ana Luiza Ferreira
Guilherme H. Lorenzetti
Capa
Jonatas Belan

CIP-Brasil. Catalogação na publicação
Sindicato Nacional dos Editores de Livros, RJ

T311c

    Terra, Kenner
        Coragem para ser : como experienciar Deus em um mundo fragmentado / Kenner Terra. - 1. ed. - São Paulo : Mundo Cristão, 2025.
        160 p.

    ISBN 978-65-5988-468-1

    1. Vida cristã. 2. Coragem. I. Título.

25-98544.0   CDD: 248.4
                        CDU: 27-584

Carla Rosa Martins Gonçalves - Bibliotecária - CRB-7/4782

Publicado no Brasil com todos os direitos reservados por:
Editora Mundo Cristão
Rua Antônio Carlos Tacconi, 69
São Paulo, SP, Brasil
CEP 04810-020
Telefone: (11) 2127-4147
www.mundocristao.com.br

Categoria: Espiritualidade
1ª edição: agosto de 2025

À Dirlei Cazotto Terra,
cujo testemunho me ensinou muito mais do que
qualquer outro espaço de formação.

Por fim, irmãos, quero lhes dizer só mais uma coisa. Concentrem-se em tudo que é verdadeiro, tudo que é nobre, tudo que é correto, tudo que é puro, tudo que é amável e tudo que é admirável. Pensem no que é excelente e digno de louvor.

Paulo, apóstolo, Filipenses 4.8

A coragem de ser é uma expressão de fé e o que a "fé" significa deve ser entendido através da coragem de ser.

Paul Tillich, *A coragem de ser*

sumário

Prefácio — 11
Introdução — 13

   1. Coragem para ser amor — 17
   2. Coragem para ser sinceridade — 27
   3. Coragem para ser honestidade — 35
   4. Coragem para ser pureza — 43
   5. Coragem para ser desprendimento — 53
   6. Coragem para ser liberdade — 63
   7. Coragem para ser recomeço — 73
   8. Coragem para ser relevância — 81
   9. Coragem para ser justiça — 89
   10. Coragem para ser fragilidade — 97
   11. Coragem para ser inadequação — 107
   12. Coragem para ser amizade — 117
   13. Coragem para ser comunidade — 125
   14. Coragem para ser simplicidade — 133
   15. Coragem para ser bondade — 141
   16. Coragem para ser testemunho — 149

Agradecimentos — 157
Sobre o autor — 159

prefácio

Vivemos um tempo em que a fé se vê tantas vezes diluída em discursos performáticos e empacotada em formatos prontos. Em meio a uma cultura que privilegia aparências e resultados, o livro *Coragem para ser* nos lembra que o evangelho é um caminho de encarnação — um modo de vida, mais do que um conjunto de convicções. Aqui, a espiritualidade não é um produto a ser defendido, mas uma experiência que se manifesta no cotidiano: no gesto que acolhe, na palavra que reconcilia, na escuta que cura.

Kenner Terra propõe um retorno ao essencial. Em cada capítulo, ele nos convida a considerar virtudes cristãs — amor, sinceridade, honestidade, pureza, desprendimento — como expressões concretas da coragem de viver conforme a fé em Cristo. Longe de fórmulas ou receitas, este livro é um chamado à inteireza. Um convite a não negociar a verdade do evangelho com os sistemas que tentam instrumentalizá-lo.

O que encontramos nestas páginas não é apenas boa teologia, mas fé vivida. Kenner escreve como quem caminha junto. Há, em seu texto, o cuidado de quem já lidou com feridas, o respeito por quem está em processo e a firmeza de quem não abre mão do amor como centro. Sua proposta não é nos colocar em posição de superioridade, mas nos lembrar que, diante de Deus, todos estamos em transformação — e que essa transformação tem um nome: amor.

Recomendo esta obra com alegria e convicção. E, mais do que isso, recomendo o autor — alguém cuja fé se traduz em presença e cuja palavra nasce do chão que pisa. Que esta leitura seja, para quem a recebe, o que ela foi para mim: um chamado à coragem de viver em Cristo. Porque, como bem se afirma no próprio texto: "Quem permanece em Deus, permanece no amor. E quem permanece no amor não tem medo".

Daniel Guanaes
Pastor, psicólogo e autor de *Cuidar de si*

introdução

As dinâmicas da memória surpreendem. "O que a memória ama fica eterno", escreveu Adélia Prado em seu poema "Para o Zé". Com essa frase, a poeta mineira estava dizendo que as coisas que ganham espaço em nossas lembranças são aquelas que nos tocam ou alcançam algum nível de importância na construção de nossa identidade.

Sem nos darmos conta, retalhos narrativos, guardados nas profundas águas do inconsciente, de repente emergem. Em dadas situações, às vezes sem muito domínio de nossa vontade, relembramos frases, imagens, formas, cores ou cheiros que remontam a momentos esquecidos do passado longínquo ou recente. O fio condutor que conecta os temas desenvolvidos nesta obra é um exemplo desse tipo de experiência.

Eu não saberia dizer exatamente quando, mas em algum momento de minha graduação em teologia deparei com o título *A coragem de ser*, do teólogo e filósofo alemão-estadunidense Paul Tillich. Na ocasião, estava iniciando meus estudos e pouco sabia a respeito desse autor. Durante minhas pesquisas de mestrado, estando integrado na área de estudos bíblicos, acompanhei de longe alguns colegas de um grupo de pesquisa tillichiano. E o *A coragem de ser* sempre reaparecia em nossas conversas.

Anos depois, quando iniciei uma série de sermões na Igreja Batista Betânia, no Rio de Janeiro, o título do livro surgiu em minhas memórias, quase como que intuitivamente, tornando-se o refrão temático de quase oito meses de pregações, as quais serviram de base para esta obra. Devo à experiência mnemônica com o livro de Tillich a escolha do título deste trabalho e algumas intuições que nele aparecem.

Por mais que subjaza da série "Coragem de ser", exposta ao longo de vários domingos, aqui não se trata simplesmente de uma compilação de prédicas. O texto preserva traços de oralidade, mas isso não descreve a totalidade de seu conteúdo espalhado por dezesseis capítulos. Quem acessar as gravações (ou mesmo os ouvintes originais, sentados nos bancos da igreja) perceberá rapidamente que as prédicas ganharam tintas de obra escrita, com cada tema sendo aprofundado de forma singular.

O conceito apresentado como "coragem para ser" — que poderia ser traduzido como "escolha consciente por formas de habitar o tempo e a vida" — desenvolvido nesta obra não é uma receita para ações louváveis que garantam o mérito aos corajosos capazes de cumprir cada um dos desafios propostos capítulo por capítulo. A lógica meritória, tão comum nos discursos triunfalistas que desejam arrancar de cada um seu "melhor potencial", como fazem os treinadores para o sucesso, não se confunde com aquilo que acredito ser a resposta livre e natural, empoderada pelo Espírito, de todo seguidor de Jesus de Nazaré. É importante dizê-lo assim, porque é Deus quem dá o desejo e o poder de realizarmos aquilo que é de seu próprio agrado (Fp 2.13).

Isso indica que crer diz respeito também a receber graciosamente um presente, ao mesmo tempo que gera respostas frutíferas — resultados da fidelidade. Como defendem alguns especialistas na obra do apóstolo Paulo, a fé é um fenômeno ligado a ações, consequência natural de quem se encontra sob a orientação do Espírito Santo.

Nesse sentido, experienciar Cristo tem a ver com nossa forma de tratar as coisas da vida. Significa estabelecer relações consigo mesmo, com o outro e com a criação. Entre tantas vozes destoantes e confusas sobre fé e espiritualidade, voltar ao básico é resgatar o que realmente importa. Não se trata de praticar obrigatoriedades que garantam minha permanência na aliança com Deus ou minha condição de filho ou filha, mas sim de manifestações de vida de quem está inserido na aliança divina. Ou seja, ser presença transformada e transformadora, o que dilui qualquer ideia passiva sobre fé. A graça deseja receber respostas dos agraciados: obediência e fé, o que gera um hábito cristão — conjunto de práticas que caracterizam as pessoas que aceitaram o convite do evangelho.

Em um mundo marcado por diversas formas de ser desumanizadoras e escravizantes, a espiritualidade cristã convoca o povo a ser objeto estranho no mundo. Para isso, é preciso ter coragem e desenvolver uma espiritualidade madura cuja liberdade da graça convida à responsabilidade ética. Eis aí um campo fértil de experiência de Deus. Uma corajosa escolha pelo caminho do amor, da justiça, do desprendimento, da simplicidade, da bondade e de tantas outras expressões comuns aos que representam o evangelho no mundo.

Assim, "coragem para ser" é mais do que acumular práticas. Tem a ver com um jeito de existir. Daí porque não escolhi usar a estrutura gramatical mais comum na formação da frase central desta obra: "coragem para amar", "coragem para ser justo" etc. Propositalmente, optei pela estrutura sintática menos usual: "coragem para ser amor", "coragem para ser justiça" e assim por diante.

Mais do que fábrica de virtudes, nossa fé torna-nos presença sinalizadora das expressões do Espírito, que são, no final das contas, um jeito de habitar o mundo, a ponto de sermos expressões naturais da nova forma de ser humano, recriado à imagem de Jesus. Tal caminho faz de nós representantes da proposta de Deus para o mundo. Porque não é possível "esconder uma cidade construída no alto de um monte" (Mt 5.14). Ela aparecerá no ponto elevado, dando visibilidade silenciosa a sua existência e presença.

Os capítulos têm vida própria. Esta obra pode ser lida a partir de qualquer um deles. Contudo, encontramos aqui uma lógica interna, e alguns pontos são retomados nos capítulos subsequentes, formando um mosaico de muitas coisas interligadas pelo mesmo interesse, seu fio condutor: a vida cristã saudável e relevante.

É com razão que algumas pessoas se transformem em "gente pior" ao se inserirem na igreja. As comunidades de fé são espaços privilegiados para mudarmos o olhar sobre a vida, construirmos relações duradouras e desenvolvermos habilidades que nos acompanharão pelo resto de nossa história. No entanto, assim como quaisquer outros espaços de acolhimento emancipador, também há riscos de abalo emocional decorrente da sensação de descaso em meio a disputas hierárquicas na estrutura do poder eclesiástico ou ao peso de abusos espirituais perpetrados por lideranças antiéticas.

Os discursos sobre a fé têm ganhado muitas camadas nos dias de hoje: burocratização, triunfalismo religioso, desconexão da realidade e legalismo. Portanto, precisamos desenvolver ambientes saudáveis, e o segredo para isso é simples. Não tem a ver com programas especiais, métodos de sucesso ou qualquer fórmula pronta. O caminho está na coragem de seguir os passos do Nazareno e voltar a atenção ao conjunto de práticas desenvolvidas a partir da experiência com o evangelho.

Nesta jornada, somos convidados a trilhar o caminho da maturidade, que nos lança ao cotidiano como palco privilegiado da espiritualidade cristã. Essa orientação produz gente com marcas de novo nascimento e renovação de consciência, que são provas reais da experiência com Deus. Gente que é presencialidade de amor onde há ódio. Esperança onde há caos. Justiça onde há desumanização. Integridade onde há desonestidade. Alegria onde há desalento. Ou seja, ser onde há a redução de tudo ao ter.

Então, com coragem, vamos juntos!

1

coragem

para ser amor

Amados, visto que Deus tanto nos amou, certamente devemos amar uns aos outros. Ninguém jamais viu a Deus. Mas, se amamos uns aos outros, Deus permanece em nós, e seu amor chega, em nós, à expressão plena.

Deus nos deu seu Espírito como prova de que permanecemos nele, e ele em nós. Além disso, vimos com os próprios olhos e agora testemunhamos que o Pai enviou seu Filho para ser o Salvador do mundo. Aquele que declara que Jesus é o Filho de Deus, Deus permanece nele, e ele em Deus. Sabemos quanto Deus nos ama e confiamos em seu amor.

Deus é amor, e quem permanece no amor permanece em Deus, e Deus nele. À medida que permanecemos em Deus, nosso amor se torna mais perfeito. Assim, teremos confiança no dia do julgamento, pois vivemos como Jesus viveu neste mundo.

Esse amor não tem medo, pois o perfeito amor afasta todo medo. Se temos medo, é porque tememos o castigo, e isso mostra que ainda não experimentamos plenamente o amor. Nós amamos porque ele nos amou primeiro.

Se alguém afirma: "Amo a Deus", mas odeia seu irmão, é mentiroso, pois se não amamos nosso irmão, a quem vemos, como amaremos a Deus, a quem não vemos? Ele nos deu este mandamento: quem ama a Deus, ame também seus irmãos.

1João 4.11-21

A jornada da fé é, antes de tudo, uma jornada de transformação. Ninguém está pronto. Ninguém está acabado. Todos estamos em processo — crescendo, errando, reavaliando, amadurecendo. Esse processo, que nos forma e reforma, exige coragem: coragem de sermos quem somos diante de Deus e das pessoas, e coragem para permanecermos íntegros quando tudo ao redor nos pressiona a sermos outra coisa.

Vivemos em um mundo de tensões constantes. Nos encontros, nas relações, nas redes, no trabalho, somos frequentemente desafiados a renunciar ao que acreditamos. E, nesse contexto, a coragem de ser torna-se fundamental. Coragem de manter-se inteiro e real, mesmo quando seria mais fácil se adaptar ou se calar.

Neste capítulo inicial, portanto, somos convidados a pensar sobre uma das expressões mais desafiadoras dessa coragem: a coragem de ser amor. Em um tempo em que o amor foi banalizado, distorcido, cooptado por discursos frágeis ou ideologias vazias, falar sobre o tema exige clareza e firmeza.

Afinal, falar de amor, hoje, desperta suspeitas. Para alguns, o amor virou sinônimo de permissividade, fraqueza ou discurso ideológico — isto é, ganhou valor político partidário. Em meio à polarização em que vivemos, em meio à ferrenha disputa de narrativas, até o amor se tornou território contestado.

Antes, porém, de entrarmos nessa conversa, é preciso entender algo importante: todos nós interpretamos o mundo a partir de uma lente.

Essa lente é construída por nossa história, nossas crenças, nossa cultura, nossa formação. Chamamos isso de ideologia — ou, para alguns, cosmovisão. É inevitável. Ninguém olha para a realidade a partir do nada. Todos somos moldados por algo. Nesse sentido, a fé cristã também é uma lente. A tradição do evangelho nos oferece uma forma específica de enxergar a vida: a partir do olhar de Cristo. Um olhar que valoriza o ser humano, que promove a justiça, que acolhe, perdoa, transforma. E essa lente recebe um nome: amor.

Hoje, porém, muitos vivem e praticam uma fé em que o amor foi excluído da equação. Valorizam a ortodoxia, o juízo, a ordem, mas desprezam a misericórdia. Imaginam um Deus mais preocupado em punir do que em restaurar. Um Deus que pesa mais do que abraça. Sob essa ótica, a afirmação de que Deus é amor rapidamente é completada com o repetido mote: "mas é fogo consumidor". Na imaginação de vários cristãos, afirmar o amor sem reticência ou vírgula significa aceitar a luxúria, a libertinagem, ou mesmo corroborar com o pecado.

No entanto, amor, graça e responsabilidade são irmãs inseparáveis. Quem ama educa-se, e a liberdade pressupõe atos comprometidos com o amor. Em Gálatas 5.13-15, o apóstolo Paulo, tendo descrito a liberdade da graça, reafirma que não se deve usar da liberdade para promoção da perversidade:

> Porque vocês, irmãos, foram chamados para viver em liberdade. Não a usem, porém, para satisfazer sua natureza humana. Ao contrário, usem-na para servir uns aos outros em amor. Pois toda a lei pode ser resumida neste único mandamento: "Ame o seu próximo como a si mesmo". Mas, se vocês estão sempre mordendo e devorando uns aos outros, tenham cuidado, pois correm o risco de se destruírem.

Um evangelho sem amor deixa de ser evangelho.

Vivemos em uma sociedade moldada por um sistema ideológico que se baseia no acúmulo, na produtividade, na conquista. Desde cedo, somos ensinados que nosso valor está naquilo que possuímos, produzimos ou aparentamos. Esse sistema invade tudo: o trabalho, as relações, a espiritualidade. Jovens crescem sob pressão para "vencer na vida". O sucesso, por sua vez, é medido por bens, status, visibilidade. E, infelizmente, esse mesmo sistema vem sendo reproduzido dentro de muitas igrejas. O culto ao desempenho, ao "vencer em Cristo", tem distorcido o espírito do evangelho.

Nessa maneira de interpretar a caminhada cristã, a oração se converte em moeda de troca, a fé é transformada em chave para conquistas pessoais, o céu, em benefício futuro para quem souber "se comportar", e a espiritualidade se desfigura em consumo religioso. Nesse modelo, o amor vira um detalhe — quando, na verdade, deveria ser o centro.

Jesus nunca prometeu um caminho fácil. Ele nunca vinculou fé à prosperidade. O caminho que ele trilhou — e nos convidou a trilhar — é o caminho da cruz. E a cruz é, antes de tudo, o símbolo do amor que se entrega.

No tempo do Nazareno, falar de amor também era um desafio. Ele ensinou o amor como estilo de vida, não como teoria. Não um amor romântico, idealizado, mas um amor que se manifesta no serviço, no perdão, na compaixão, na reconciliação. Um amor que se revela, sobretudo, em como tratamos os que pensam diferente de nós. É uma força transformadora e eficaz. Concordo piamente com a afirmação do pastor batista Martin Luther King Jr.: "O amor é o poder mais duradouro do mundo". E também, remetendo ao apóstolo Paulo, o amor tem um lugar de perenidade cuja força é maior do que a fé e a esperança (1Co 13.13).

Na lógica do evangelho, o amor é sempre radical. Não há meio--termo. Ou perdoamos, ou não. Ou acolhemos, ou excluímos. Ou servimos, ou nos escondemos. Ou amamos, ou desconhecemos a

Deus. A epístola joanina é direta: "Quem não ama, não conhece a Deus, porque Deus é amor" (1Jo 4.8). Conhecer a Deus, na perspectiva bíblica, é amar. E amar, nesse sentido, não é um sentimento — é uma prática. O verdadeiro evangelho não visa formar "evangélicos" num sentido institucional, mas sim formar pessoas que refletem a Cristo. E refletir a Cristo é viver o amor. Não é possível conhecer a Deus e ser indiferente à dor do outro. Não é possível experimentar a graça e não ser gracioso. Não é possível ter sido perdoado e negar perdão.

Quem ama não exclui. Não persegue. Não humilha. Não violenta. Quem ama não transforma o púlpito em tribunal. Não se posiciona como juiz do mundo. Não mede espiritualidade pelos erros alheios. Quem ama, serve. Ouve. Acolhe. Caminha junto. Amar é andar na contramão de uma cultura que valoriza o individualismo, a aparência, o mérito. Amar é resistir à lógica da troca, do tipo "ajudo você se você me ajudar". É viver sob outra ética. Outro Reino.

🕊 🕊 🕊

De fato, vivemos tempos estranhos. Escandalizamo-nos facilmente com questões morais, mas normalizamos o ódio. Condenamos falhas pessoais, mas não nos comovemos com injustiças sociais. Aplaudimos discursos violentos em nome de Deus, mas rejeitamos o amor como frouxidão. Invertendo os valores do evangelho, gastamos energia demais com o que Jesus nunca priorizou e ignoramos o que era central em sua mensagem. Debatemos detalhes teológicos com fervor, mas hesitamos diante de um abraço sincero. Exigimos perfeição, mas esquecemos de cuidar.

O que Jesus espera de sua igreja é simples e, ao mesmo tempo, exigente: que seja um lugar de amor. Um espaço onde o outro possa ser acolhido antes de ser corrigido. Onde a compaixão anteceda o juízo. Onde chorar com quem chora venha antes do debate sobre "o que é bíblico".

O conhecimento de Deus, nas Escrituras, não é intelectual. Não é saber definições. Na Bíblia, conhecer tem a ver com intimidade, com experiência. Na tradição judaica do Antigo Testamento, conhecer (do hebraico *yada*) tem relação com experiência e vivência. Conhecer a Deus seria experienciá-lo e relacionar-se com ele mais pelo coração do que pela mente. Não é um saber adquirido pelo distanciamento a fim de realizar uma análise objetiva, mas pela ação e pelo envolvimento intencional na experiência vivida.[1]

Seu par no Novo Testamento, a despeito da origem grega (*ginosko*), como testemunham 1João 4, trata o "conhecer a Deus" como relação de amor com os membros da comunidade. Ou seja, não é conhecer conceitualmente, mas na vida e em ações marcadas por um saber comunicativo e da experiência. Não se trata de repetir doutrinas, mas de ser tomado por Deus. Sentir sua presença. Ser moldado por ele. E, se fomos moldados por Deus, seremos moldados pelo amor. O amor de Deus não é seletivo. Ele nos alcançou quando ainda estávamos longe. Ele nos amou antes que pudéssemos amá-lo. Esse é o modelo: amar sem esperar retorno, sem exigir merecimento, sem calcular o custo.

A igreja deve ser esse lugar onde amar não é exceção, mas regra. Onde amar não é discurso, mas prática. Onde amar é o que nos identifica como discípulos de Jesus: "Seu amor uns pelos outros provará ao mundo que são meus discípulos" (Jo 13.35).

A cruz é o grande símbolo do amor cristão. Ali, Jesus não retaliou. Não amaldiçoou. Não revidou. Ele amou até o fim. Perdoou seus algozes. A cruz nos mostra que o amor não é passivo — é

---

[1] Para mais sobre o assunto, veja Kenner Terra e Gutierres Siqueira, *Autoridade bíblica e experiência no Espírito: A contribuição da hermenêutica pentecostal-carismática* (São Paulo: Thomas Nelson Brasil, 2020).

poderoso. É o amor que vence o mal, não a força. A escuridão não pode expulsar a escuridão, apenas a luz pode fazer isso. Martin Luther King Jr. também disse: "O ódio não pode expulsar o ódio, só o amor pode fazer isso". Esse é o nível do amor que o evangelho exige. E essa é a coragem de que precisamos: a coragem de não revidar, de não se vingar, de não odiar.

A cruz é o grande símbolo do amor cristão. Ali, Jesus não retaliou. Não amaldiçoou. Não revidou. Ele amou até o fim.

Em um mundo de muros, a igreja é chamada a ser ponte. Em um mundo de gritos, somos chamados ao silêncio compassivo. Em um mundo de armas, somos chamados a estender as mãos. Onde há ódio, levamos reconciliação. Onde há indiferença, levamos cuidado.

Não queremos conquistar o poder político. Não desejamos dominar as instituições. O que queremos — ou deveríamos querer — é que as pessoas conheçam o amor de Deus por meio de nós. Que sintam que existe um outro modo de viver, no qual todos são amados, respeitados e acolhidos, independentemente de raça, gênero ou origem.

Esse é o nosso testemunho. E não há nada mais cristão do que isso.

🕊 🕊 🕊

Quem permanece em Deus, permanece no amor. E quem permanece no amor não tem medo. Porque o medo paralisa, oprime, adoece. Mas o amor liberta. O amor lança fora todo medo. A coragem de ser amor é, talvez, a maior de todas. Porque exige que a gente se desarme. Que a gente desça do pedestal. Que a gente desista de estar certo para simplesmente estar junto. Que a gente ame antes de julgar e perdoe antes de cobrar.

Que o Senhor nos conceda essa coragem. Que possamos viver em amor — no lar, no trabalho, na comunidade. Que sejamos conhecidos não pelas doutrinas que defendemos, mas pelo amor que praticamos. Porque, no fim das contas, Deus é amor, e só conhecemos a Deus, de fato, quando amamos.

2

coragem
para ser

sinceridade

Então não seremos mais imaturos como crianças, nem levados de um lado para outro, empurrados por qualquer vento de novos ensinamentos, e também não seremos influenciados quando nos tentarem enganar com mentiras astutas. Em vez disso, falaremos a verdade em amor, tornando-nos, em todos os aspectos, cada vez mais parecidos com Cristo, que é a cabeça. Ele faz que todo o corpo se encaixe perfeitamente. E cada parte, ao cumprir sua função específica, ajuda as demais a crescer, para que todo o corpo se desenvolva e seja saudável em amor.

Efésios 4.14-16

A sinceridade parece, hoje, um bem escasso. Em tempos marcados por aparências, performances e discursos cuidadosamente ensaiados, viver com autenticidade e transparência exige coragem — coragem para ser, para habitar o mundo a partir do lugar da verdade. É essa a proposta do evangelho: não apenas uma transformação de comportamentos, mas uma reconfiguração do modo como existimos. E esse existir, à luz da fé, é um processo contínuo de interpretação da vida, dos encontros, das emoções, das perdas e dos sentidos que atribuímos a tudo isso.

A vida é, inevitavelmente, um exercício hermenêutico. Interpretamos tudo: os olhares, os silêncios, as palavras, os gestos. Interpretamos a vida com base em nossas memórias, traumas, expectativas e estados emocionais. Nem sempre acertamos. Quem nunca tomou decisões erradas por ter interpretado mal uma situação? Quem nunca se envergonhou de um julgamento precipitado? A maturidade está em reconhecer isso e permitir que nossas leituras da realidade sejam mais generosas, ponderadas e alinhadas ao evangelho.

Durante uma pregação, percebi uma pessoa me observando com um olhar tenso. De braços cruzados, parecia estar me analisando, mais do que se permitindo ser tocada pelo sermão. Interpretei, quase instantaneamente, que ela estava descontente, irritada ou desinteressada. Aquilo me perturbou ao longo de toda a minha fala. Fiquei inquieto e desconfortável. Ao final, essa mesma pessoa, vindo ao meu encontro, se aproximou emocionada, me abraçou e disse que havia sido profundamente tocada por Deus naquela noite. Enquanto ela me abraçava, fiquei muito envergonhado e desconsertado. Mais uma vez, minhas impressões estavam equivocadas. Li o cenário de forma completamente errada. Portei-me como tolo.

Em outra ocasião, quando eu ainda era adolescente, uma garota ficou me olhando durante um evento. Vaidoso, achei que estava interessada em mim. Pedi a um amigo que fosse falar com ela — naquele tempo era comum amigos intercessores nessas horas. A resposta da garota não foi nada agradável: "Nunca vi alguém tão idiota". Essa história virou piada, mas revela algo sério: como nossa percepção pode ser distorcida e nos levar a agir imaturamente.

Boa parte de nossos conflitos se resolveria se soubéssemos interpretar melhor as situações. Isso exige sensibilidade, humildade e, sobretudo, sinceridade. Não a sinceridade que se reduz a dizer tudo que se pensa sem filtro — essa, muitas vezes, é apenas arrogância disfarçada. Refiro-me à sinceridade que brota do amor, do cuidado, do compromisso com o outro. A sinceridade que fala quando é necessário, cala quando é sábio e age com responsabilidade. Uma sinceridade que não destrói, mas edifica.

Em nosso mundo, as máscaras se tornaram mecanismos de sobrevivência. Relações são regidas por interesses e o outro, muitas vezes, é visto como meio, não como fim. Essa atitude também se infiltrou nas comunidades de fé. Há quem diga o que o outro quer ouvir para manter seu lugar de prestígio. Há quem prefira o elogio vazio à palavra verdadeira. Mas o evangelho nos chama a outro modo de viver — um modo sincero, transparente, comprometido com o bem do outro, mesmo quando isso exige dizer verdades incômodas.

Provérbios 27.5-6 nos ajuda a entender isso com clareza: "A repreensão franca é melhor que o amor escondido. As feridas feitas por um amigo sincero são melhores que os beijos de um inimigo". O texto aponta que há feridas que curam e beijos que matam. Há palavras duras que salvam e palavras doces que nos conduzem à perdição. Ser sincero, portanto, é um ato de amor. É preferir o bem do outro à preservação de uma relação confortável. É ter coragem de se expor por quem se ama.

Mas sinceridade não se confunde com brutalidade. Dizer a verdade não é despejar ressentimento. Há quem diga "sou sincero" quando, na verdade, é apenas alguém que não aprendeu a falar com empatia. A sinceridade evangélica é amorosa. Ela não busca vencer um argumento, mas alcançar o coração. Não visa provar um ponto, mas salvar um irmão ou uma irmã.

Recordo de uma situação em que precisei dizer algo muito difícil a um amigo. Observava seu comportamento havia algum tempo e notava como aquilo o prejudicava, afastava pessoas, criava barreiras. Foi uma conversa delicada, tensa, desconfortável. Ele não reagiu bem naquele momento. Depois, porém, entendeu que aquela exortação vinha de um lugar de amor, não de julgamento. E isso fez toda a diferença. Amar é, muitas vezes, esse risco: o de ser mal interpretado por escolher a verdade.

Vivemos cercados de pessoas que preferem o silêncio ao confronto, a omissão à exposição. Mas essa omissão pode ser, no fundo, egoísmo. Não falamos porque temos medo de perder a amizade, de sermos mal compreendidos, de quebrar a imagem de "pessoa agradável". O amor, contudo, não se sustenta em aparências. Quem ama, cuida. E quem cuida, confronta quando necessário.

A sinceridade também é uma via de mão dupla. Não basta termos disposição para dizer — precisamos, igualmente, ter humildade para ouvir. Abrir espaço para que pessoas que nos amam possam nos corrigir. É preciso, obviamente, discernir quem são essas pessoas. Nem todos têm autoridade para nos exortar. Mas, quando alguém confiável fala com carinho e verdade, é sinal de graça. São essas vozes que nos ajudam a crescer.

> **A sinceridade é uma via de mão dupla. Não basta termos disposição para dizer — precisamos, igualmente, ter humildade para ouvir.**

Ao contrário disso, há os beijos do inimigo. E esses são perigosos. Beijos que escondem intenções, abraços que ocultam interesses. Gente que nos elogia enquanto nos empurra para o abismo. Bajuladores que nos envolvem com palavras doces, mas têm o coração cheio de vaidade e ambição. Gente que se aproxima por conveniência e desaparece quando já não há mais o que sugar. A bajulação é uma armadilha — ela alimenta nossa vaidade enquanto nos distancia da verdade. Assim exortou o sábio: "As pessoas podem encobrir o ódio com palavras agradáveis, mas isso não passa de engano. Ainda que pareçam amáveis, não acredite nelas; seu coração está cheio de maldade" (Pv 26.24-25).

Líderes caem porque se cercam de aduladores. Casamentos ruem porque se omite a verdade. Amizades se desfazem porque se evitou o confronto necessário. A sinceridade, nesse sentido, é um antídoto contra a destruição. E mais: é uma expressão de maturidade espiritual. O apóstolo Paulo, escrevendo aos efésios, exorta: "Falaremos a verdade em amor, tornando-nos, em todos os aspectos, cada vez mais parecidos com Cristo" (Ef 4.15). A verdade, quando dita em amor, faz crescer.

O desafio é saber se nossa verdade está mesmo impregnada de amor. Há quem diga a verdade para machucar. Há quem confronte para punir. Há quem use a "sinceridade" como escudo para sua insensibilidade. Mas o evangelho nos chama a outro lugar. O lugar da sinceridade temperada pela graça, da exortação que visa restaurar, do confronto que deseja a cura. Se o que eu digo ao outro não é para que ele viva melhor, então não é cuidado — é descarga emocional.

✦ ✦ ✦

Aqui cabe uma distinção importante: o profeta e o ressentido. O profeta fala com dor, com compaixão, com pesar. Não se alegra em denunciar, mas o faz porque ama o povo. O teólogo judeu Abraham J. Heschel descreve com sensibilidade a experiência de paixão e dor dos profetas no Antigo Testamento diante das contradições e do caos em meio ao povo de Deus:

> O profeta é um homem que sente intensamente. Deus impôs um fardo à sua alma, e ele está abatido e atordoado ao testemunhar a ganância feroz da humanidade. Assustadora é a agonia do homem; nenhuma voz humana pode transmitir todo o seu terror. A profecia é a voz que Deus emprestou à agonia silenciosa, uma voz aos pobres saqueados, às riquezas profanadas do mundo. É uma forma de vida, um ponto de intersecção entre Deus e o homem. Deus está furioso nas palavras do profeta.[1]

O ressentido, ao contrário, fala de si mesmo. Usa a verdade como arma para ferir, como vingança mal disfarçada. A voz profética não deseja exposição, deseja restauração. Toda crítica que não deseja o bem é só barulho.

No espaço das relações mais íntimas, a sinceridade se torna ainda mais necessária — e mais difícil. Com os filhos, por exemplo. Às vezes é preciso dizer coisas duras, chamar atenção, apontar erros. Mas sempre com o desejo de ver crescimento, e não apenas obediência. A disciplina que educa vem acompanhada de afeto.

---

[1] Abraham J. Heschel, *The Prophets* (Nova York: Harper Collins Publishers, 2001), p. 4-5.

Palavras verdadeiras ditas no momento certo, com o tom certo, com a intenção certa, moldam o caráter, fortalecem vínculos e criam espaços seguros para o desenvolvimento.

A sinceridade, portanto, é uma virtude relacional. Ela constrói. Mesmo quando dói, mesmo quando exige exposição, mesmo quando nos custa. E, justamente por isso, é tão rara. Porque exige maturidade, desapego, humildade e fé. Exige que sejamos verdadeiros mesmo quando o mais fácil seria omitir.

No mundo das fachadas, até os beijos podem trair. Judas beijou Jesus, não para acolhê-lo, mas para entregá-lo. Que nossos gestos sejam coerentes com nosso coração. Que nossos abraços sejam sinceros. Que nossas palavras, mesmo as difíceis, sejam portadoras de vida.

Convido você a viver essa coragem: a coragem de ser sinceridade. Não apenas de dizer a verdade, mas de se tornar alguém verdadeiro. Quando sorrir, seja de fato porque há alegria. Quando se calar, seja por sabedoria. Quando falar, seja por amor. Que possamos construir comunidades onde a verdade e a graça caminhem juntas, onde haja espaço para o confronto que cura e o silêncio que respeita.

3

**coragem
para ser**

honestidade

Uma vez que vocês ressuscitaram para uma nova vida com Cristo, mantenham os olhos fixos nas realidades do alto, onde Cristo está sentado no lugar de honra, à direita de Deus. Pensem nas coisas do alto, e não nas coisas da terra. Pois vocês morreram para esta vida, e agora sua verdadeira vida está escondida com Cristo em Deus. E quando Cristo, que é sua vida, for revelado ao mundo inteiro, vocês participarão de sua glória.

Portanto, façam morrer as coisas pecaminosas e terrenas que estão dentro de vocês. Fiquem longe da imoralidade sexual, da impureza, da paixão sensual, dos desejos maus e da ganância, que é idolatria. É por causa desses pecados que vem a ira de Deus. Vocês costumavam praticá-los quando sua vida ainda fazia parte deste mundo, mas agora é o momento de se livrarem da ira, da raiva, da maldade, da maledicência e da linguagem obscena. Não mintam uns aos outros, pois vocês se despiram de sua antiga natureza e de todas as suas práticas perversas. Revistam-se da nova natureza e sejam renovados à medida que aprendem a conhecer seu Criador e se tornam semelhantes a ele.

Colossenses 3.1-10

Não somos seres prontos. Diferentemente de Deus. A Trindade é plena e absoluta, nós estamos em permanente construção. E, nesse processo, temos diante de nós o risco constante de nos perdermos. Há quem perca a si mesmo ao tentar agradar, conquistar ou adaptar-se a exigências que não condizem com a verdade de seu próprio ser. A grande pergunta de Jesus ressoa: "Que vantagem há em ganhar o mundo inteiro, mas perder a vida?" (Mt 16.26) — ou seja, perder a si mesmo?

A coragem de ser é uma escolha. Envolve integridade, firmeza e resistência. É não se deixar moldar pelas pressões externas a ponto de abandonar o caminho da autenticidade. É seguir sendo, mesmo quando isso parece nos custar oportunidades, afetos ou segurança. Ser é uma forma de servir, e servir é uma forma de ser. Quem vive para servir, vive a própria identidade de forma mais plena. Quem serve de maneira honesta, vive em coerência com o propósito que Deus estabeleceu para sua vida.

No entanto, nossa época não facilita essa jornada. Estamos mergulhados em um ambiente de superficialidade, de relações calculadas e de máscaras cuidadosamente produzidas. O desejo de aceitação e o culto à imagem criam um círculo vicioso em que gente perdida alimenta outras tantas sem rumo. E a pressão para entrar nesse jogo é enorme. Passamos a considerar necessário fingir, omitir, adaptar, vender pequenas porções de nós mesmos em troca de pertencimento ou validação. A falsidade se apresenta como uma solução prática, embora seja devastadora para a alma.

A honestidade, então, torna-se uma resistência. Ser verdadeiro num tempo de pós-verdade é revolucionário. Vivemos uma era em que não importa mais a conexão com os fatos, mas sim o que se deseja que seja verdade. Discurso e realidade se distanciam em nome de conveniências, interesses e narrativas que apenas aparentam coerência. A mentira tornou-se um instrumento útil. Nas redes, nos púlpitos, nas conversas do dia a dia — manipula-se, distorce-se, exagera-se. E quem ousa corrigir ou apontar a incoerência é visto como ingênuo, ou até como inimigo. Na época de *fake news* o que importa é a "vontade de verdade", isto é, o que desejo que seja verdadeiro torna-se realidade, mesmo que não seja.

No meio disso, o evangelho nos chama à coragem de ser honestidade. E essa honestidade não é apenas dizer a verdade com palavras. É viver uma vida coerente, sem disfarces. É não fingir crenças, afetos, intenções. É ter uma alma alinhada à realidade. Como diz um dos catálogos de virtudes paulinos: "Portanto, cada um de vocês deve abandonar a mentira e falar a verdade uns aos outros, pois todos nós somos membros de um mesmo corpo" (Ef 4.25).

A desonestidade, por sua vez, se instala como estilo de vida. Tornamo-nos especialistas em simular piedade, fabricamos emoções para impressionar, performamos virtudes que não habitam nosso íntimo.

A mesa da Ceia, por exemplo, é um bom paradigma de encarnação da honestidade. Nela não há espaço para tais disfarces. Por isso Paulo fala em averiguar-se a si mesmo antes da comunhão, advertindo os cristãos de Corinto de que, na prática, eles não estavam celebrando o memorial de Jesus, e sim outra coisa, visto que não havia partilha sincera, mas disputas, divisões e segregação:

> Quando vocês se reúnem, não estão interessados de fato na ceia do Senhor. Alguns de vocês se apressam em comer a própria refeição; como resultado, alguns passam fome, enquanto outros ficam embriagados. Será que vocês não têm casa onde comer e beber? Ou querem mesmo envergonhar a igreja de Deus e humilhar os pobres? Que devo dizer? Querem que eu os elogie? Certamente não os elogiarei por isso!
>
> 1Coríntios 11.20-22

À mesa da Ceia nos sentamos diante do olhar de Jesus, que conhece o que está por trás do que mostramos. É um chamado à integridade do ser.

Ser honesto tampouco significa falar de maneira insensível. A honestidade não é arrogância travestida de sinceridade. A pessoa honesta é aquela cujas palavras nascem da verdade, cujo interior é transparente, cuja presença é confiável. Não busca manipular, enganar ou explorar. Quando expressa seu ponto de vista, o faz com empatia. Quando confronta, o faz por amor à verdade, não por necessidade de vencer ou controlar. Vive em paz com sua consciência, mesmo que isso signifique perder algo.

Esse tipo de coragem exige maturidade. Ao longo da jornada com Cristo, vamos sucumbindo a interesses pessoais, o que nos leva a desempenharmos papéis. Acabamos sustentando relações baseadas em aparência. Preferimos o teatro da conveniência à crueza da realidade. No entanto, ao olharmos nos olhos de Jesus, à mesa da comunhão, somos convidados a retirar nossas máscaras. A coragem de ser é a coragem de não se violar, mesmo quando isso parece ser o caminho mais fácil.

🕊 🕊 🕊

A mentira, além de discurso, pode ser um modo de viver. Mentimos para agradar, para conquistar, para evitar conflito, para manter o que não é verdadeiro. Tornamo-nos mentiras ambulantes, personagens cuidadosamente criados. Mas a alma sabe. O coração se ressente. E Deus vê. Quando o apóstolo Paulo diz: "Não mintam uns para os outros" (Cl 3.9), ele está nos convidando à integridade profunda — não apenas à verdade dita, mas à verdade vivida.

Numa cultura obcecada por performance, viver com honestidade é um ato de fé. E mais: é um ato de libertação. Porque a verdade liberta. A verdade nos reconcilia com nós mesmos, com os outros e com Deus. Mesmo que nos custe. Mesmo que nos faça perder privilégios. Melhor perder algo do que perder a alma. Melhor andar na luz, ainda que tropeçando, do que caminhar seguro pelas trevas da falsidade. Não adianta ganhar o mundo inteiro e perder a alma.

Vivemos tempos em que até a tecnologia serve à mentira. Criam-se vídeos emocionantes com inteligência artificial, constroem-se relacionamentos falsos com entidades que nem existem. Buscamos, nessas migalhas tecnológicas, um simulacro de conexão. Mas o convite de Jesus não é para comer das migalhas que caem das mesas de outros. Ele nos chama para a mesa da comunhão, onde o pão é partido por ele e o vinho é servido por suas próprias mãos. Ali, somos acolhidos como filhos. E filhos não precisam fingir para serem amados.

A mentira, muitas vezes, se traveste de narrativa. As palavras têm poder de construir mundos. Dependendo de como organizamos os elementos de um relato, podemos gerar realidades que não correspondem aos fatos. Uma mentira bem contada se torna mais perigosa do que uma mentira evidente. As *fake news* operam assim — pegam elementos reais e os reorganizam para formar um todo enganoso. No ambiente de fé, isso se torna ainda mais perigoso, porque se utiliza a linguagem do sagrado para justificar interesses pessoais.

Jesus enfrentou isso. No deserto, foi tentado pelo diabo com textos bíblicos verdadeiros, mas usados de maneira falsa. A batalha cósmica naquele episódio não era apenas de fome ou sede, mas de narrativa. A questão não era o texto em si, mas seu uso. A linguagem que falsifica em benefício próprio é diabólica. A linguagem que sustenta a realidade, ainda que nos custe, é divina. Precisamos escolher de que lado estamos. E não basta ter cargos religiosos, tempo de caminhada ou títulos institucionais — se falsificamos a verdade para benefício próprio, mesmo que em nome de Deus, estamos no caminho do tentador.

> **A linguagem que falsifica em benefício próprio é diabólica. A linguagem que sustenta a realidade, ainda que nos custe, é divina.**

É melhor sofrer do que falsificar. É melhor ser rejeitado do que mentir. É melhor andar só do que trair a própria consciência. Porque se Deus é justo, verdadeiro e fiel, Ele nos sustentará. A honestidade não é garantia de sucesso imediato, mas é alicerce de uma vida que agrada a Deus. E, no final, a justiça sempre prevalecerá.

Em 1896, o escultor e pintor francês Jean-Léon Gérôme terminou seu quadro intitulado *A Verdade saindo do poço armada do seu chicote para castigar a humanidade*. Inspirou-se ele em um uma famosa parábola, segundo a qual, um belo dia, a Verdade e a Mentira se encontraram. A Mentira disse à Verdade: "Hoje o dia está maravilhoso!". A Verdade olhou para os céus e suspirou, pois o dia estava mesmo lindo. Elas passearam muito tempo juntas, chegando finalmente a um poço. A Mentira então disse à Verdade: "A água está muito boa, vamos tomar um banho juntas!". A Verdade, mais uma vez desconfiada, testou a água e descobriu que realmente a água estava muito boa. Elas se despiram e começaram a tomar banho. De repente, a Mentira saiu da água, vestiu as roupas da Verdade e fugiu. A Verdade, furiosa, saiu do poço e correu para encontrar a Mentira e pegar suas roupas de volta.

As pessoas, vendo a Verdade nua, desviavam o olhar, com desprezo e raiva. A pobre Verdade, depois de muito tempo procurando suas vestes, voltou ao poço e desapareceu para sempre, escondendo nele a sua vergonha. Desde então, a Mentira viaja ao redor do mundo, vestida como a Verdade, satisfazendo as necessidades da sociedade, porque percebeu que o mundo não nutre nenhum desejo de encontrar a Verdade nua e crua, antes prefere a Mentira com as roupas da verdade.

A fé cristã não se escandaliza com a nudez da verdade, mas indigna-se contra a dissimulação das roupas da mentira.

⁂

Quando permitimos que a verdade molde nossas ações, começamos a participar de uma nova comunidade — uma comunidade em que já não há separações entre judeu e gentio, circuncidado e incircunciso, escravo e livre. Cristo é tudo em todos. Essa comunidade é marcada por autenticidade, igualdade, respeito mútuo. Nela, não há espaço para falsidade, para manipulação, para jogos de imagem. Nela, só cabe quem está disposto a viver com honestidade.

Talvez ainda vejamos muito disso em nossas igrejas, em nossos lares, em nós mesmos. Então, o chamado é claro: "Arrependam-se, pois é chegado o Reino dos céus". Precisamos nos converter de novo à verdade. Converter-nos da mentira que contamina nossas relações, nossos discursos, nossas instituições. Converter-nos à honestidade que gera vida, que cura, que liberta, que honra o Deus da verdade.

Sejamos pais honestos, mães honestas, líderes honestos, amigos honestos. Sejamos honestos no trabalho, no casamento, na amizade, na fé. Porque onde há honestidade, há presença do Espírito. Onde há integridade, a glória de Deus se manifesta. E então, poderemos levantar nossos olhos para o alto sem medo de tropeçar aqui embaixo. Viveremos com os pés firmes na terra e o coração voltado para o céu — como testemunhas vivas da coragem de ser honestidade.

4

**coragem
para ser** pureza

Por fim, irmãos, quero lhes dizer só mais uma coisa. Concentrem-se em tudo que é verdadeiro, tudo que é nobre, tudo que é correto, tudo que é puro, tudo que é amável e tudo que é admirável. Pensem no que é excelente e digno de louvor. Continuem a praticar tudo que aprenderam e receberam de mim, tudo que ouviram de mim e me viram fazer. Então o Deus da paz estará com vocês.

Filipenses 4.8-9

Em ambientes maliciosos e envoltos pela vontade de poder, ser puro de coração se torna um ato subversivo. Falar de pureza, no entanto, exige cuidado. Durante séculos, essa palavra foi capturada por discursos moralistas e legalistas que a reduziram a um código de conduta externa. Mas pureza, no coração do evangelho, é outra coisa. É uma coragem rara: a coragem de ser transparente, inteiro, verdadeiro.

Neste livro, temos refletido sobre aspectos fundamentais da fé cristã não como um conjunto de regras ou como um ideal inatingível, mas como a formação de uma identidade: o tipo de ser humano que decidimos ser — e agora chegamos ao âmbito da pureza. Não como perfeição moral, mas como verdade interior. Não como fuga do mundo, mas como presença transformadora nele.

Ser puro de coração não significa estar imune ao medo, à dúvida ou ao erro. Pelo contrário: é reconhecer esses elementos como parte da jornada e, ainda assim, escolher a integridade. A fé não é ausência de medo. A coragem não é ausência de dor. É a decisão de atravessá-la com os olhos limpos. É o que nos lembra Rubem Alves: coragem é a capacidade de continuar mesmo tremendo.

Em um mundo que valoriza as aparências e recompensa os disfarces, escolher a verdade interior é nadar contra a corrente. Mas é exatamente esse o chamado do evangelho. Como mencionei na

Introdução, as reflexões deste livro nasceram da obra de Paul Tillich, *A coragem de ser*, na qual ele indaga sobre o que nos torna verdadeiramente humanos. Aqui, queremos perguntar: o que nos torna verdadeiramente cristãos?

Cada escolha que fazemos revela algo sobre nós. E mesmo nossos tropeços, quando acolhidos com honestidade, podem se tornar sementes de maturidade. Há aprendizados que só florescem na tensão, na dor, no limite. Situações que nos colocam à beira do abismo têm o poder de nos destruir ou de nos reconstruir. E, frequentemente, é nesse ponto de ruptura que nascem as transformações mais profundas.

Somos seres interpretativos. Vivemos lendo e traduzindo a realidade. Do momento em que acordamos ao instante em que fechamos os olhos à noite, estamos interpretando rostos, gestos, palavras, silêncios. A forma como lemos o mundo molda a forma como vivemos. E essa leitura está profundamente enraizada naquilo que somos por dentro. Nosso coração — na linguagem bíblica — é o lugar de onde brotam nossos olhares sobre a vida.

Por isso, falar de pureza não é falar de controle sobre gestos, mas sobre integridade das intenções. Não se trata de esconder a sujeira, mas de permitir que ela seja transformada. Um coração puro não é um coração que nunca errou. É um coração que se recusa a maquinar maldade, que rejeita a duplicidade, que escolhe viver na luz.

Jesus sabia exatamente disso. Quando disse: "Felizes os puros de coração, porque verão a Deus" (Mt 5.8), ele não estava prometendo uma visão mística ou uma revelação esotérica. Ele estava falando sobre percepção. Ver a Deus é enxergar o que realmente importa. É perceber Deus onde os olhos treinados na religião ou pelo poder não o veem. É reconhecer a presença divina nas coisas simples, nos rostos esquecidos, nas margens. Coração puro é instrumento para ser feliz com coisas simples, por vezes esquecidas e pouco valorizadas.

Alberto Caeiro, heterônimo do poeta português Fernando Pessoa, em seu clássico "O Guardador de rebanhos" nos ajuda a constatar o quanto é bom perceber as coisas comuns e conhecer através das sensações:

Sou um guardador de rebanhos.
O rebanho é os meus pensamentos
E os meus pensamentos são todos sensações.
Penso com os olhos e com os ouvidos
E com as mãos e os pés
E com o nariz e a boca.

Pensar uma flor é vê-la e cheirá-la
E comer um fruto é saber-lhe o sentido.

Por isso quando num dia de calor
Me sinto triste de gozá-lo tanto,
E me deito ao comprido na erva,
E fecho os olhos quentes,
Sinto todo o meu corpo deitado na realidade,
Sei a verdade e sou feliz.[1]

O poeta nos convida a experienciar a realidade, a conhecê-la na simplicidade das coisas mais simples. Aquele que se deita sobre a erva com o coração desprendido pela graciosidade divina é capaz de perceber a beleza e o valor de coisas tão simples. É capaz de saber a verdade e ser feliz.

E quem enxerga assim? Aquele cujo coração não está ofuscado por interesses escusos, por máscaras religiosas, por desejos de manipulação. Só os puros de coração veem Deus, porque seus olhos

---

[1] Alberto Caeiro, "O guardador de rebanhos", in: Fernando Pessoa, *Obras escolhidas: Mensagem, poemas de Alberto Caeiro, odes de Ricardo Reis, poemas de Álvaro de Campos*, org. Jane Tutikian (Porto Alegre: L&PM, 2017), p. 79.

não estão turvos pelas conveniências. Sua alma não está cegada pelas tramas do ego.

✈ ✈ ✈

Jesus nos ensina essa pureza não por isolamento, mas por presença. Ele se deixava tocar por mulheres consideradas impuras. Ele tocava leprosos. Ele comia com pecadores. Em vez de se afastar daquilo que os sistemas chamavam de impuro, ele se aproximava. E, ao fazer isso, revelava que pureza não é fragilidade, mas potência. Não é medo de se contaminar, é força para curar.

Mary Douglas, em seu clássico *Pureza e perigo*, nos lembra que impureza, nas culturas antigas, tem a ver com a desordem.[2] Com aquilo que sai do seu lugar. Com o que transgride a ordem estabelecida. Jesus era constantemente impuro aos olhos dos religiosos de seu tempo, porque repetidamente transgredia a ordem que excluía, que violentava, que mascarava injustiças com rituais. A pureza do Mestre, enraizada nas relações de serviço aos esquecidos pelo mundo, era vista como instauração da impureza, pois subvertia a organização cultural estabelecida — pessoas das margens iam para o centro, os do centro eram contados entre os das margens. A pureza em Jesus nem sempre será adequada às regras de puro-impuro dos sistemas, quer eclesiásticos, quer não.

Quando dizemos que alguém é puro de coração, falamos de alguém que age com verdade. Que não manipula o outro com gestos bonitos e intenções podres. Que não sorri para destruir. Que não abraça para controlar. Que não diz "eu te amo" com o coração fechado.

A ausência dessa pureza produz tragédias. No espaço religioso, então, ela se torna escândalo. Há uma piedade pervertida que usa a linguagem do sagrado para encobrir ambições doentias. Temos

---

[2] Veja Mary Douglas, *Pureza e perigo* (Lisboa: Edições 70, 1991).

visto isso de forma escancarada: líderes religiosos envolvidos em crimes hediondos, enquanto pregam uma moral que nem sequer tentam viver. Isso não é o evangelho. Isso é teatro.

Já passou da hora de a igreja brasileira abandonar a fantasia do moralismo e assumir a verdade de sua condição: somos pecadores em processo de restauração. Gente quebrada que só está de pé pela graça. Gente que precisa, mais do que nunca, de um coração puro.

Na prática, isso se revela nas relações. Em um mundo onde até dentro das igrejas se organiza "networking" para fechar negócios e espaços VIPs se tornam comuns, a mesa da comunhão vai perdendo seu sentido. Quando o outro se torna meio para meus fins, meu coração se contamina. E, mesmo que meu discurso continue piedoso, minhas intenções já se perderam.

Jesus nos convida a sermos como crianças. Não porque elas são ingênuas, mas porque são autênticas. Mostram seus afetos e desafetos sem disfarces. Quando perdoam, perdoam de verdade. Quando amam, amam por inteiro. Ser espiritual é voltar a esse estado de autenticidade: quando o abraço é sincero, o sorriso é espontâneo e o amor é real. Essa é a pureza que transforma. Não a que separa, mas a que aproxima. Não a que julga, mas a que acolhe.

Conheci isso na pele. Em minha conversão, fui acolhido por uma pequena comunidade de fé. Gente simples, desafinada, sem sofisticação alguma. Mas com um coração puro. Aqueles irmãos me amaram quando eu só tinha críticas a oferecer. Me abraçaram com sinceridade. E foi isso que me quebrou. Fui transformado não por argumentos, mas por afetos verdadeiros.

A igreja não precisa de mais estratégias de marketing. Precisa de gente com o coração limpo.

A igreja não precisa de mais estratégias de marketing. Precisa de gente com o coração limpo. Gente que, mesmo com todas as suas falhas, carrega no olhar a ternura do evangelho. Gente que faz da vida um reflexo da misericórdia que recebeu.

É por isso que Paulo, escrevendo aos filipenses, recomenda que pensemos naquilo que é puro, justo e amável (Fp 4.8-9). Porque aquilo que ocupa nosso coração acaba moldando nosso ser. O que alimentamos em silêncio se torna palavra. O que cultivamos escondido se torna gesto. E, num mundo tão marcado pela falsidade, onde até o amor é negociado, ser puro de coração é um ato de resistência. É decidir ser honesto mesmo que isso nos custe. É preferir ser enganado a enganar. É preferir perder com integridade a vencer com manipulação.

Mas isso exige luta. E a mais difícil de todas: a luta contra nós mesmos. Contra nosso orgulho, nossa vaidade, nossa sede de controle. Quando o apóstolo fala da carne, está falando dessas pulsões que nos tornam bestas insaciáveis que querem tudo para si, que são capazes de destruir o outro por um benefício próprio. A pureza de coração nasce quando vencemos essa besta. Quando calamos o ego. Quando aprendemos a perder. Quando entendemos que a maior vitória é poder se doar, mesmo sem retorno.

Jesus propõe esse caminho. O caminho da outra face, do pão partilhado, da água oferecida ao inimigo. O caminho do perdão, da entrega, da mesa estendida. Um caminho que só os puros de coração podem trilhar, porque só eles conseguem ver o que está escondido aos olhos comuns: Deus.

⁂

Ver a Deus não é vislumbrar um trono nos céus. É enxergá-lo nos pequenos gestos. Na criança que sorri. Na mulher que chora. No homem que perdoa. No pobre que partilha. No inimigo que é amado. É isso que Jesus prometeu. É isso que o evangelho oferece.

A coragem de ser pureza, então, não é heroísmo. É decisão. É escolher viver na contramão da cultura do engano. É dizer não às máscaras. É viver com o coração exposto. É ser, diante de Deus e dos outros, alguém que carrega nas mãos a verdade.

Que essa seja a nossa oração: que sejamos purificados por dentro. Que não tenhamos apenas gestos bonitos, mas intenções redimidas. Que não nos contentemos com aparência de piedade, mas sejamos radicalmente verdadeiros. Porque os puros de coração... verão a Deus.

5

**coragem

para ser**

desprendimento

Minha grande expectativa e esperança é que eu jamais seja envergonhado, mas que continue a trabalhar corajosamente, como sempre fiz, de modo que Cristo seja honrado por meu intermédio, quer eu viva, quer eu morra. Pois, para mim, o viver é Cristo, e o morrer é lucro. Mas, se continuar vivo, posso trabalhar e produzir fruto para Cristo. Na verdade, não sei o que escolher. Estou dividido entre os dois desejos: quero partir e estar com Cristo, o que me seria muitíssimo melhor. Contudo, por causa de vocês, é mais importante que eu continue a viver.

Ciente disso, estou certo de que continuarei vivo para ajudar todos vocês a crescer na fé e experimentar a alegria que ela traz. E, quando eu voltar, terão ainda mais motivos para se orgulhar em Cristo Jesus pelo que ele tem feito por meu intermédio.

Filipenses 1.20-26

A fé cristã não é um conjunto de informações a serem armazenadas ou defendidas, mas uma forma de habitar o mundo. Ela é ação, é prática, é existência encarnada. As novas pesquisas acadêmicas sobre Paulo têm destacado a acepção do grego *pistis*, habitualmente traduzido por "fé", como significando "fidelidade" — isto é, "fé em Cristo" como "fidelidade a Cristo". Crer não se resume, portanto, a preservar um corpo doutrinário ou acumular saberes teológicos, mas é assumir um jeito de ser no mundo — um modo de viver que revela aquilo em que acreditamos.

Em sua carta aos Gálatas, Paulo defende a fé como garantia de pertencimento à aliança com Deus. No final de sua argumentação, ele explica que "em Cristo Jesus nem a circuncisão nem a incircuncisão têm efeito algum, *mas sim a fé que atua pelo amor*" (Gl 5.6, grifos meus). Em outras palavras, a fé manifesta-se pela prática por ela alimentada. Filhos e filhas de Deus vivem como manifestações vivas da fé, o que os torna presença encarnacional de Cristo.

Crer é também agir, como bem defende a epístola de Tiago:

> De que adianta, meus irmãos, dizerem que têm fé se não a demonstram por meio de suas ações? Acaso esse tipo de fé pode salvar alguém? Se um irmão ou uma irmã necessitar de alimento ou de roupa, e vocês disserem: "Até logo e tenha um bom dia; aqueça-se e coma bem", mas

não lhe derem alimento nem roupa, em que isso ajuda? Como veem, a fé por si mesma, a menos que produza boas obras, está morta.

Tiago 2.14-17

Nossa espiritualidade se manifesta, antes de tudo, na forma como lidamos com a vida cotidiana: como tratamos as pessoas, como enfrentamos perdas, como reagimos diante das injustiças, como nos abrimos à vulnerabilidade.

É nesse contexto que emerge mais uma vez a ideia de "coragem para ser" — um convite à inteireza, à coerência entre o que cremos e o que somos. Não se trata de coragem para impor crenças ou defender sistemas, mas para viver com honestidade a proposta do evangelho. E viver o evangelho com profundidade exige desprendimento.

Vivemos num mundo onde o imperativo é acumular. Acumular bens, status, informações, seguidores, elogios. Ser visto, ser lembrado, ser valorizado — esse é o ideal vendido em quase toda parte. Mas o evangelho de Jesus caminha em outra direção. Ele nos chama a perder, a esvaziar, a servir:

Tenham a mesma atitude demonstrada por Cristo Jesus.

Embora sendo Deus,
   não considerou que ser igual a Deus
   fosse algo a que devesse se apegar.
Em vez disso, esvaziou a si mesmo;
   assumiu a posição de escravo
   e nasceu como ser humano.
Quando veio em forma humana,
   humilhou-se e foi obediente
   até a morte, e morte de cruz.

Filipenses 2.5-8

Cruz não é símbolo de poder ou conquista, mas de entrega e vulnerabilidade. É escândalo para os que buscam força, e loucura para os que esperam lógica de mercado.

O apóstolo Paulo compreendeu isso de forma radical. Ainda em sua carta aos Filipenses, prisioneiro e ciente da fragilidade de sua condição, ele afirma: "Pois, para mim, o viver é Cristo, e o morrer é lucro" (Fp 1.21). Não há apego. Não há desespero por possuir, preservar ou preservar-se. Há consciência plena de que tudo é graça, e que estar vivo ou morrer são apenas expressões diferentes da mesma entrega. Paulo não está preso nem a seu ministério, nem a sua imagem, nem a sua reputação. Está livre, porque já morreu para si mesmo. Não vive para preservar nada, mas para que Cristo seja engrandecido, seja na vida, seja na morte.

Desprendimento é isso — a capacidade de soltar. É confiar que, ao renunciar ao controle, não perdemos, mas nos reencontramos. Somos como o macaco da antiga armadilha: colocamos a mão num recipiente para pegar algo e, quando tentamos retirá-la, ela fica presa. A única solução seria abrir a mão. Mas o instinto de não perder o que seguramos nos condena à prisão. É assim que vivemos — segurando certezas, relações adoecidas, expectativas irreais, padrões inalcançáveis. Estamos presos não porque não há saída, mas porque não sabemos abrir mão.

O evangelho nos convida a essa liberdade. E essa liberdade exige coragem. Coragem para ser desapegado, para viver leve, para reconhecer que não somos definidos pelo que temos ou conquistamos. Coragem para aceitar perdas, para perdoar, para seguir em frente quando tudo em nós quer retaliar ou estagnar.

Há algo profundamente subversivo no modo como Jesus nos ensina a lidar com a vida. Ele diz: Se alguém lhe bater numa face, ofereça a outra. Se alguém quiser a sua túnica, entregue também a capa. Se lhe for exigido caminhar uma milha, vá duas (Mt 5.39-42). Esse não é um código moral para ser seguido de forma cega, mas um chamado a uma nova maneira de existir — uma existência não condicionada pela lógica do mérito, da vingança ou da defesa de direitos. É a vivência da liberdade que nasce quando já não precisamos mais vencer, justificar, revidar. É viver sem estar preso.

O desprendimento não nos aliena das realidades da vida. Ao contrário, nos aprofunda nelas. Porque só quem está desprendido é capaz de perceber verdadeiramente o outro. O egoísta só enxerga a si mesmo, o apegado está sempre distraído com o que teme perder. Mas o desprendido está livre para escutar, para acolher, para cuidar. Ele se torna presença. E isso é profundamente cristão.

𝄞 𝄞 𝄞

Na sociedade do espetáculo em que vivemos, tudo é performance e imagem. As redes sociais ampliaram essa lógica: o que importa é parecer, não ser. Nessa sociedade, o orgulho não é visto como pecado, mas como a virtude da autoconfiança. A vulnerabilidade, ao contrário, é tratada como fraqueza. Daí o desprendimento ser tão escandaloso. Ele nos desarma. E viver desarmado exige confiança em algo maior que nós mesmos. Por isso, só o evangelho pode nos levar a esse lugar.

Quando Paulo afirma que há pessoas pregando Cristo por inveja, por ambição, por motivos espúrios, e mesmo assim se alegra (Fp 1.15-18), ele revela que sua alegria não está em sua posição, em sua influência ou em sua visibilidade. Está na fidelidade ao propósito maior. Não importa se seu nome é lembrado ou apagado. O que importa é que Cristo seja anunciado. Essa é a liberdade dos que estão desprendidos de si.

Mas como isso se aplica à nossa vida concreta? Em nossas relações, por exemplo, quantas vezes deixamos de perdoar por orgulho? Quantas vezes mantemos vínculos adoecidos porque temos medo de ficar sozinhos? Quantas vezes não reconhecemos nossos erros porque isso abalaria nossa imagem? Quantas vezes seguramos algo que já deveria ter sido abandonado — um trabalho, uma amizade, um projeto, uma ideia sobre nós mesmos?

O evangelho nos liberta disso. Ele nos ensina a viver reconciliados com a impermanência da vida. A perder sem desespero. A ceder sem culpa. A recomeçar sem vergonha. Porque tudo o que temos é transitório. Tudo passa. Tudo muda. Mas Cristo permanece. E, se estamos firmados nele, podemos soltar o que nos prende sem medo de perder a nós mesmos.

> **Se estamos firmados em Cristo, podemos soltar o que nos prende sem medo de perder a nós mesmos.**

Há algo de profundamente belo no desapego. Não é passividade, não é resignação, não é conformismo. É sabedoria. É maturidade. É saber que a nossa vida não está em nossas mãos. É entender que algumas portas se fecham para que outras se abram. Que algumas derrotas nos ensinam mais do que muitas vitórias. Que em algumas perdas descobrimos valores que o acúmulo nunca revelaria.

Em 2011, Rubem Alves escreveu um pequeno, porém visceral, artigo na *Folha de S. Paulo*, acerca de como uma menina lhe ensinou sobre a excelência do desaprender. Convém reproduzi-lo na íntegra:

> A MENINA me disse que eu teria de esquecer o que sabia para poder ver aquilo que eu não via... Que menina? Aquela sobre quem escrevi. Caminhávamos juntos, ela me mostrava e me explicava a sua escola, na Vila das Aves, em Portugal. Eu teria de esquecer para poder ver... Quem lhe ensinara isso, essa estranha pedagogia da desaprendizagem? Não podia ter sido Roland Barthes...
>
> Barthes, ao sentir a velhice chegando, disse esta coisa surpreendente: que chegara a sua hora suprema, a hora do esquecimento, tempo de

desaprender os saberes que havia aprendido. Posso imaginar o espanto que essa declaração deve ter provocado no erudito público acadêmico presente a sua aula.

Esquecer, desaprender: são o oposto daquilo que as escolas e professores pedem aos alunos. Os professores perguntam e os alunos, se tiverem memória boa, respondem e tiram boas notas... Esquecer é o contrário: perder, abrir mão, deixar ir. E, na lógica banal da razão do cotidiano, esquecimento é sempre empobrecimento. Barthes aponta na direção oposta. Teria ficado senil?

Quem responde é o poeta T. S. Eliot, num curtíssimo-cortante aforismo: "Num país de fugitivos, aquele que anda na direção contrária parece estar fugindo".

Barthes caminha na direção contrária. Ele nos conduz a um outro mundo. Suspeito que ele tenha aprendido do Taoismo. Pois é isso que está lá dito, no poema de número 48 do "Tao-Te-Ching": "Na busca do conhecimento a cada dia se soma algo. Na busca do Caminho da Vida a cada dia se diminui algo".

Esquecer é diminuir; desaprender é diminuir. Barthes não está sozinho em sua caminhada na direção contrária. Lichtenberg tinha uma ideia parecida: "Atualmente procura-se divulgar a sabedoria por toda a parte: quem sabe se daqui a poucos séculos não haverá universidades destinadas a restabelecer a antiga ignorância?".

Alberto Caeiro é de opinião semelhante. "O essencial é saber ver — Mas isso (triste de nós que trazemos a alma vestida!), Isso exige um estudo profundo, Uma aprendizagem de desaprender..." "Procuro despir-me do que aprendi, Procuro esquecer-me do modo de lembrar que me ensinaram, E raspar a tinta com que me pintaram os sentidos, Desencaixotar as minhas emoções verdadeiras, Desembrulhar-me e ser eu..."

Barthes se referiu ao esquecimento como "a força da força viva". Por quê? Ele mesmo responde, mostrando que o esquecimento é um processo pelo qual o corpo "raspa" de sua pele as sedimentações operadas pelo passado, mortas, da mesma forma como o navegador raspa a craca marisca que grudou no casco do seu barco. Raspada a craca, o barco rejuvenesce.

Encantam-me os eucaliptos velhos, suas cascas duras, rugosas, grossas, escuras, rachadas. Repentinamente elas se soltam: debaixo delas surge um eucalipto rejuvenescido, casca verde-creme, lisa, sobre ela a mão desliza com prazer. Nós, humanos, para renascer, temos de esquecer — abandonar a casca velha para que a nova apareça. As cascas vazias das cigarras presas aos troncos das árvores são um passado subterrâneo que teve de ser abandonado para que o ser voante nascesse. Esse é o caminho da educação...

Mas a menina me fez pensar outros pensamentos que eu nunca tinha pensado. Eu os guardo para depois...[1]

"Perder", "esquecer", "desaprender" — verbos imprescindíveis aos que desejam o rejuvenescimento. Pois o novo exige esvaziamento: copo cheio não permite mais água.

🕊 🕊 🕊

O desprendimento nos torna generosos. Permite que celebremos o sucesso alheio. Ensina a dar espaço, a abrir mão, a contribuir sem esperar retorno. Gente desprendida é gente doadora — de tempo, de afeto, de oportunidades, de perdão. Porque já não vive na lógica da escassez, mas na abundância da graça.

É por isso que Paulo pode dizer: "Tudo posso naquele que me fortalece" (Fp 4.13). Não porque pode conquistar o que quiser, mas porque aprendeu a viver com muito e com pouco, com honra e com desprezo, com liberdade e com prisão. A tradução da Nova Versão Transformadora traduz de forma esclarecedora esta afirmação paulina:

---

[1] Rubem Alves, "Esquecer para saber", *Folha de S. Paulo*, 17 de maio de 2011, <https://www1.folha.uol.com.br/fsp/cotidian/ff1705201104.htm>.

[...] pois aprendi a ficar satisfeito com o que tenho. Sei viver na necessidade e também na fartura. Aprendi o segredo de viver em qualquer situação, de estômago cheio ou vazio, com pouco ou muito. *Posso todas as coisas por meio de Cristo, que me dá forças.*

Filipenses 4.11-13, grifos meus

Ele aprendeu o segredo da suficiência. E o segredo é Cristo.

Se vivermos assim, não mais seremos reféns do que temos ou deixamos de ter. Não mais nos definiremos pelas expectativas dos outros. Não mais seremos controlados pelo medo da perda. Seremos livres. E só a liberdade nos permite amar com profundidade, servir com alegria, viver com inteireza.

O desprendimento é, portanto, uma das expressões mais belas da fé cristã. É a coragem de soltar para receber. De morrer para viver. De perder para encontrar, como disse Jesus: "Quem quiser salvar a sua vida a perderá, mas quem perder a própria vida por minha causa a encontrará. Pois que adianta ao homem ganhar o mundo inteiro e perder a sua vida?" (Mt 16.25-26). É uma confiança radical na providência de Deus, que cuida de nós mesmo quando tudo parece nos escapar. É crer que o vento do Espírito sopra onde quer e nos leva para onde precisamos estar — mesmo que não seja aonde imaginávamos chegar.

Ser desprendido é como ser vento. É existir sem aprisionar. É tocar sem se fixar. É mover-se com leveza, com liberdade, com paz. E é assim que o Reino de Deus se manifesta entre nós: não com gritos ou conquistas, mas com gente que vive com coragem, com leveza e com fé. Gente que já aprendeu que tudo o que não pode ser deixado não é bênção — é prisão.

Que tenhamos a coragem de ser desprendimento. Que tenhamos a sabedoria de perder o que nos mata, para ganhar a vida que nos liberta. Que o Espírito nos ensine a soltar — e, ao soltar, viver de verdade.

6

**coragem
para ser**

liberdade

Portanto, permaneçam firmes nessa liberdade, pois Cristo verdadeiramente nos libertou. Não se submetam novamente à escravidão da lei.

Prestem atenção! Eu, Paulo, lhes digo: se vocês se deixarem ser circuncidados, Cristo de nada lhes servirá. Volto a dizer: todo aquele que se deixa ser circuncidado deve obedecer a toda a lei. Pois, se vocês procuram tornar-se justos diante de Deus pelo cumprimento da lei, foram separados de Cristo e caíram para longe da graça.

Mas nós que vivemos pelo Espírito esperamos ansiosamente receber pela fé a justiça que Deus nos prometeu. Pois, em Cristo Jesus, não há benefício algum em ser ou não circuncidado. O que importa é a fé que se expressa pelo amor.

Vocês estavam indo bem na corrida; quem os impediu de seguir a verdade? Certamente não foi Deus quem os levou a pensar assim, pois ele os chamou para serem livres. Um pouco de fermento se espalha por toda a massa. Confio que o Senhor os guardará de crer em falsos ensinamentos. Aquele que os perturbar, seja ele quem for, será julgado.

Irmãos, se eu ainda prego que vocês devem ser circuncidados, como dizem alguns, por que continuo a ser perseguido? Se eu não pregasse a salvação exclusivamente por meio da cruz, ninguém se ofenderia. Esses sujeitos que os perturbam deveriam castrar a si mesmos!

Porque vocês, irmãos, foram chamados para viver em liberdade. Não a usem, porém, para satisfazer sua natureza humana. Ao contrário, usem-na para servir uns aos outros em amor. Pois toda a lei pode ser resumida neste único mandamento: "Ame o seu próximo como a si mesmo". Mas, se vocês estão sempre mordendo e devorando uns aos outros, tenham cuidado, pois correm o risco de se destruírem.

Gálatas 5.1-15

A liberdade não é um presente pronto. É um caminho. É a possibilidade que carregamos de escolher quem seremos e como viveremos. Mas essa liberdade, embora seja um traço essencial da humanidade, muitas vezes se torna um fardo. Porque com ela vem o peso das escolhas, das consequências e, acima de tudo, da responsabilidade de nos tornarmos aquilo que fomos chamados a ser.

A proposta da "coragem para ser" nasce dessa tensão. Como já repetido, essa expressão aponta para uma disposição interior que não se conforma com os moldes impostos, mas se atreve a viver a verdade do próprio ser. E viver a verdade de quem se é exige coragem — sobretudo em um mundo que valoriza mais a aparência do que a essência.

A nossa é uma era da imagem. O valor de uma pessoa, muitas vezes, é medido pela roupa que veste, pelos lugares que frequenta, pelos bens que ostenta. Não somos mais reconhecidos pelo que somos, mas pelo que temos. A lógica do consumo invadiu até as relações humanas. Tornamo-nos vitrines ambulantes de um sistema que quer nos convencer de que nossa dignidade está atrelada a marcas, títulos e performances.

Mas o ser humano não foi criado para isso. Não somos o que exibimos. Somos o que permanece quando as luzes se apagam. A coragem para ser, portanto, começa quando nos desvencilhamos das expectativas falsas que o mundo projeta sobre nós e ousamos ser o que somos — mesmo que isso nos torne inadequados diante dos olhares viciados do sistema.

Cada cultura constrói seus padrões, suas normas silenciosas, seus modelos de sucesso. E a dor começa quando tentamos nos moldar a esses padrões sem considerar se eles correspondem à verdade de quem somos. Quantas pessoas vivem esmagadas pelo peso de expectativas que nem mesmo os que as impõem conseguem cumprir? Foi assim nos tempos de Jesus. Os fariseus criaram um modelo religioso tão opressor que nem eles conseguiam viver à altura dele. E, no entanto, cobravam dos outros com dureza. Jesus os denunciou por isso. Paulo, escrevendo aos gálatas, repetiu o alerta, como que dizendo: "Esses que os obrigam a guardar a lei, nem eles mesmos a cumprem".

Quando renunciamos a quem somos para atender a essas expectativas, morremos um pouco por dentro. Violamos nossa identidade. Trocamos o ser pelo parecer. E o preço disso é alto: ansiedade, insegurança, sensação constante de inadequação. Perdemos a nós mesmos para sermos aceitos por quem sequer nos conhece de verdade.

Por isso, a coragem para ser está profundamente ligada à liberdade. A liberdade de não se deixar moldar por padrões opressivos. A liberdade de se reconhecer imperfeito, mas em processo. A liberdade de ser formado à imagem daquele que não nos exclui por nossas limitações, mas nos acolhe nelas: Jesus.

O modelo de Cristo não oprime. Ele conhece nossa estrutura. Sabe que somos pó. Sabe das nossas limitações. E, mesmo assim, nos convida a seguir. Não com imposições, mas com graça. Ele não espera que sejamos prontos, mas disponíveis. Sua pedagogia é de transformação, não de anulação. O modelo de Jesus nos forma a partir do amor, não da cobrança.

Em contraste, o modelo do mundo é impiedoso. Ele cobra perfeição, mas não oferece suporte. Exige desempenho, mas não acolhe fragilidade. Quando não conseguimos acompanhar o ritmo, ele nos descarta. Pior: nos convence de que somos inferiores por isso. E muitos acreditam. Muitos vivem se achando pequenos, inadequados, fracassados, porque não conseguem ser aquilo que nunca foram chamados a ser.

Cristo nos propõe outra coisa. Ele nos chama a sermos moldados segundo os critérios do Reino: misericórdia, serviço, justiça, compaixão. Não somos objetos nem instrumentos nas mãos de sistemas e pessoas. Somos seres criados com propósito. A coragem para ser passa por redescobrir esse propósito e vivê-lo com liberdade.

A liberdade é o que nos torna humanos. É a possibilidade de escolher, de pensar, de agir contra o instinto, contra a corrente. Um animal não pode escolher contrariar sua natureza. O filósofo do século 17 Immanuel Kant, em sua *Crítica da razão prática*, defendeu que há aspectos negativos e positivos de ser livre. No polo negativo, ser livre seria a submissão a qualquer força ou interdito externo ao indivíduo, uma total autossugestão e independência. O polo positivo, em contrapartida, diz respeito às ações livres à luz do direito e da lei, em uma forma de expressão na vida a partir do *dever ser*. Entre ser sem freios e limites, o "dever ser" nos faz mais humanos, socialmente possíveis.

Para o evangelho, o que devemos ser, sob a tutela da liberdade, nos leva a pensarmos o mundo para além de nossos impulsos carnais. O famoso refrão agostiniano: "livres para servir". Somos livres para decidir. E, exatamente por isso, somos também responsáveis.

A liberdade, quando mal compreendida, pode se tornar armadilha. Há quem a confunda com licença para fazer o que quiser, sem considerar o impacto de seus atos. Outros a veem como uma ameaça e preferem renunciar a ela, entregando suas decisões a líderes, gurus e sistemas religiosos que oferecem segurança em troca de submissão. Mas nenhuma dessas posturas corresponde ao que o evangelho propõe.

O evangelho valoriza a liberdade. E, ao mesmo tempo, a orienta. Convida-nos a viver livres, mas conscientes. A fazer escolhas não com base no medo, mas na maturidade. O legalismo religioso, por sua vez, tenta nos enclausurar. Cria um sistema de regras que promete aceitação divina em troca de obediência cega. E toda submissão acrítica em ambientes religiosos é terra fértil para abusos espirituais.

A teologia da graça nos leva a outro lugar: somos aceitos não porque cumprimos regras, mas porque fomos alcançados pela ação graciosa de Deus em Jesus. Recomendo que guardemos no coração o belíssimo discurso de Paulo em defesa da liberdade contra todo legalismo pseudopiedoso, registrado em Colossenses 2.8-23:

> Não permitam que outros os escravizem com filosofias vazias e invenções enganosas provenientes do raciocínio humano, com base nos princípios espirituais deste mundo, e não em Cristo. Pois nele habita em corpo humano toda a plenitude de Deus. Portanto, porque estão nele, o cabeça de todo governante e autoridade, vocês também estão completos.
>
> Em Cristo vocês foram circuncidados, mas não por uma operação física, e sim espiritual, na qual foi removido o domínio de sua natureza humana. No batismo, vocês foram sepultados com Cristo e, com ele, foram ressuscitados para a nova vida por meio da fé no grande poder de Deus, que ressuscitou Cristo dos mortos.
>
> Vocês estavam mortos por causa de seus pecados e da incircuncisão de sua natureza humana. Então Deus lhes deu vida com Cristo, pois perdoou todos os nossos pecados. Ele cancelou o registro de acusações contra nós, removendo-o e pregando-o na cruz. Desse modo, desarmou

os governantes e as autoridades espirituais e os envergonhou publicamente ao vencê-los na cruz.

Portanto, não deixem que ninguém os condene pelo que comem ou bebem, ou por não celebrarem certos dias santos, as cerimônias da lua nova ou os sábados. Pois essas coisas são apenas sombras da realidade futura, e o próprio Cristo é essa realidade. Não aceitem a condenação daqueles que insistem numa humildade fingida e na adoração de anjos e que alegam ter visões a respeito dessas coisas. A mente pecaminosa deles os tornou orgulhosos, e eles não estão ligados a Cristo, que é a cabeça do corpo. Unido a ele por meio de suas juntas e seus ligamentos, o corpo cresce à medida que é nutrido por Deus.

Vocês morreram com Cristo, e ele os libertou dos princípios espirituais deste mundo. Então por que continuar a seguir as regras deste mundo, que dizem: "Não mexa! Não prove! Não toque!"? Essas regras não passam de ensinamentos humanos sobre coisas que se deterioram com o uso. Podem até parecer sábias, pois exigem devoção, abnegação e rigorosa disciplina física, mas em nada contribuem para vencer os desejos da natureza pecaminosa.

꽃 꽃 ⚘

A verdadeira fé não se constrói no medo. Muitos foram criados sob a ameaça constante de um Deus punitivo, que vigia, pune e condena. Cresceram ouvindo que, se não fossem à igreja, Deus "pesaria a mão". Que, se errassem, perderiam a salvação. Mas isso não é fé. Isso é pânico travestido de religião. E o medo, ao contrário do amor, paralisa. A liberdade não se constrói no medo. Constrói-se no temor — que é reverência amorosa, não pavor.

Temer a Deus é reconhecê-lo como Senhor, como o Pai que nos ama e nos convida ao caminho da maturidade. E maturidade envolve responsabilidade. Envolve entender que liberdade não é fazer tudo o que queremos, mas tudo o que é bom, justo e necessário.

Em Gálatas 5, Paulo afirma que é para a liberdade que Cristo nos libertou. Por isso, seus ouvintes deveriam permanecer nessa liberdade e não ser levados para a escravidão da lei ou pelos ensinos legalistas de seus adversários, que vinham questionando a autoridade paulina naquela região. O apóstolo já havia demonstrado claramente na carta, com base na experiência do Espírito e de sua interpretação das Escrituras hebraicas, que já não era mais necessário observar as exigências da lei e, por isso, os gálatas não precisavam se circuncidar. Bastava estarem em Cristo.

Todavia, nessa parte de sua argumentação o apóstolo coloca os gálatas num beco sem saída, pois sua posição teológica não é posta como uma mera opção. Mesmo que soubessem que o sacrifício de Cristo era suficiente, se optassem pela circuncisão estariam invalidando o sacrifício de Cristo, pois circuncidar-se significaria justificar-se por obras, invalidando a cruz. Afinal, se a obediência à lei justifica a pessoa, então qual a necessidade de Cristo morrer ou da graça? No entanto, se alguém se circuncidar, precisará obedecer a toda a lei, o que não é possível.

A fé, por sua vez, é mais importante que a circuncisão ou qualquer ato externo da Lei ou de leis. No entanto, essa fé é operante. Ela gera ou se mostra em algo: no amor.

A liberdade que o evangelho oferece não é libertinagem, mas serviço. Não é egoísmo, mas entrega.

Paulo continua sua argumentação explicando que essa liberdade tem seus parâmetros. Há uma postura adequada para os que vivem no Espírito e são justificados pela fé. Estar livre da lei não significa permissão para pecar ou viver libertinamente, mas é, isto sim, um passo para a vida no Espírito. "Porque vocês, irmãos, foram chamados para viver em liberdade. Não a usem, porém, para satisfazer sua natureza humana. Ao contrário, usem-na para servir uns aos outros em amor", diz o apóstolo (Gl 5.13).

A liberdade que o evangelho oferece não é libertinagem, mas serviço. Não é egoísmo, mas entrega. Somos livres para amar, para cuidar, para edificar. Não para ferir, dominar ou manipular.

🕊 🕊 🕊

A igreja não pode ser um espaço de dependência do púlpito. Não pode criar seguidores infantis que precisam ser guiados em cada decisão. O discipulado cristão é um convite à autonomia consciente, à maturidade da fé. O pastor não é dono da consciência de ninguém. É um companheiro de jornada. Todos estamos sendo moldados juntos.

E, se liberdade é escolha, também é consequência. Escolhemos — e as consequências nos formam. A vida é, em boa parte, o reflexo de nossas decisões. E não adianta terceirizar isso. Não adianta culpar os outros pelas colheitas que fazemos a partir de sementes que nós mesmos plantamos. A liberdade exige que olhemos para dentro e reconheçamos: sou responsável pela minha história.

É por isso que também Pedro, escrevendo à igreja cristã, adverte: "Pois vocês são livres e, no entanto, são escravos de Deus; não usem sua liberdade como desculpa para fazer o mal" (1Pe 2.16). A liberdade cristã não é para o excesso, mas para a responsabilidade. É para a construção do bem, para o serviço ao outro, para a edificação do corpo. E, quando essa liberdade é iluminada pela graça, ela ganha profundidade. Porque a graça não apenas nos livra do peso da culpa, mas nos capacita a viver de maneira coerente com o amor que recebemos. Não obedecemos para sermos amados — obedecemos porque fomos amados. A resposta à graça é a vida transformada.

Mas a graça também pode ser mal interpretada. Dietrich Bonhoeffer, teólogo alemão que enfrentou o nazismo durante a

Segunda Guerra Mundial, chamou de "graça barata" aquela que não exige de nós compromisso.[1] Que nos acomoda na zona de conforto. Que nos deixa passivos diante da injustiça. Mas a graça verdadeira é cara. Ela nos desafia. Ela nos move. Ela nos tira do lugar.

A liberdade não é apenas uma bandeira. É uma jornada. É um exercício diário de escolhas. É a coragem de, diante de múltiplos caminhos, escolher aquele que melhor expressa o caráter de Deus. É o esforço de pensar nas consequências, de avaliar os impactos, de assumir os próprios erros e aprender com eles.

Ser livre é ser adulto. É entender que há coisas que não fazemos por prazer, mas por responsabilidade. Que há decisões difíceis, mas necessárias. Que há renúncias que salvam. Que há limites que protegem. Que o outro importa tanto quanto eu. E que, no final, a liberdade só encontra seu sentido quando é vivida em amor.

A coragem para ser liberdade é, portanto, a coragem para ser inteiro. Para ser verdadeiro. Para não ceder à pressão do sistema. Para dizer "sim" ao evangelho não apenas com os lábios, mas com a vida. Para fazer da liberdade um espaço de maturidade, de compaixão e de graça. E para viver como quem, enfim, descobriu que ser livre é, também, escolher bem.

---

[1] Veja Dietrich Bonhoeffer, *Discipulado* (São Paulo: Mundo Cristão, 2016).

7

coragem para ser

recomeço

Jesus continuou: "Um homem tinha dois filhos. O filho mais jovem disse ao pai: 'Quero a minha parte da herança', e o pai dividiu seus bens entre os filhos.

"Alguns dias depois, o filho mais jovem arrumou suas coisas e se mudou para uma terra distante, onde desperdiçou tudo que tinha por viver de forma desregrada. Quando seu dinheiro acabou, uma grande fome se espalhou pela terra, e ele começou a passar necessidade. Convenceu um fazendeiro da região a empregá-lo, e esse homem o mandou a seus campos para cuidar dos porcos. Embora quisesse saciar a fome com as vagens dadas aos porcos, ninguém lhe dava coisa alguma.

"Quando finalmente caiu em si, disse: 'Até os empregados de meu pai têm comida de sobra, e eu estou aqui, morrendo de fome. Vou retornar à casa de meu pai e dizer: Pai, pequei contra o céu e contra o senhor, e não sou mais digno de ser chamado seu filho. Por favor, trate-me como seu empregado'.

"Então voltou para a casa de seu pai. Quando ele ainda estava longe, seu pai o viu. Cheio de compaixão, correu para o filho, o abraçou e o beijou. O filho disse: 'Pai, pequei contra o céu e contra o senhor, e não sou mais digno de ser chamado seu filho'.

"O pai, no entanto, disse aos servos: 'Depressa! Tragam a melhor roupa da casa e vistam nele. Coloquem-lhe um anel no dedo e sandálias nos pés. Matem o novilho gordo. Faremos um banquete e celebraremos, pois este meu filho estava morto e voltou à vida. Estava perdido e foi achado!'. E começaram a festejar.

"Enquanto isso, o filho mais velho trabalhava no campo. Na volta para casa, ouviu música e dança, e perguntou a um dos servos o que estava acontecendo. O servo respondeu: 'Seu irmão voltou, e seu pai matou o novilho gordo, pois ele voltou são e salvo!'.

"O irmão mais velho se irou e não quis entrar. O pai saiu e insistiu com o filho, mas ele respondeu: 'Todos esses anos, tenho trabalhado como um escravo para o senhor e nunca me recusei a obedecer às suas ordens. E o senhor nunca me deu nem mesmo um cabrito para eu festejar com meus amigos. Mas, quando esse seu filho volta, depois de desperdiçar o seu dinheiro com prostitutas, o senhor comemora matando o novilho!'.

"O pai lhe respondeu: 'Meu filho, você está sempre comigo, e tudo que eu tenho é seu. Mas tínhamos de comemorar este dia feliz, pois seu irmão estava morto e voltou à vida. Estava perdido e foi achado!'".

Lucas 17.11-32

A vida, em seu curso imprevisível, muitas vezes nos surpreende com rupturas. Às vezes, é como um soco no estômago, como diria Clarice Lispector — uma sensação de desorientação, de perda, de não saber para onde ir. Projetamos sonhos, investimos energia em relações, nutrimos esperanças. E, de repente, algo escapa por entre os dedos. Um relacionamento termina, um plano falha, uma crise nos atropela. Então, ficamos parados, diante do abismo da incerteza, perguntando: "E agora?".

Por isso, recomeçar é uma arte. Não se trata apenas de retomar a caminhada, mas de fazê-lo com coragem, com consciência, com disposição para reconstruir o que foi destruído — ou reinventar o que já não pode ser reconstruído. É possível que algumas perdas sejam definitivas. Certas coisas, uma vez quebradas, não voltam a ser como eram. Mas, mesmo quando algo não pode ser restaurado por completo, sempre há fragmentos que ainda podem ser reaproveitados. Há sempre alguma possibilidade de renascimento, de refazimento. E é nesse ponto que a coragem de ser se encontra com a graça do recomeço.

Muitas pessoas desistem nesse limiar. Não por fraqueza, mas porque não conseguem enxergar alternativas. Não veem pontes, tão somente muros. E isso não acontece apenas com os que estão distantes da fé — inclusive dentro da igreja, entre pessoas de fé, há corações desanimados, almas feridas que não conseguem acreditar que há vida depois do colapso. Às vezes, a dor é tanta que até mesmo o impulso de continuar se esgota. Por isso, recomeçar não é automático. Exige mais que boa vontade. Exige lucidez, disposição e fé.

O evangelho, em sua essência, é uma mensagem de recomeço. Ele nos apresenta um Deus que reescreve histórias, que reabilita os rejeitados, que acolhe os errantes. Um Deus que não trata segundo o merecimento, mas segundo a misericórdia. Um Deus que ama antes da mudança, e não depois. Que corre ao encontro, mesmo antes da confissão. Que celebra a volta, mesmo depois da queda.

🕊 🕊 🕊

No capítulo 15 do Evangelho de Lucas, Jesus conta uma parábola que se tornou um retrato clássico da possibilidade de recomeçar: a parábola do filho pródigo. Na história, um jovem que, tomado por impulsos, decide romper com o pai exige a herança antes da hora e parte em busca de uma vida que, acredita, será melhor longe de casa. Mas a jornada não se dá como ele imaginava. Ele se vê, em pouco tempo, numa situação de degradação e fome. Para um judeu, alimentar porcos já era um escândalo; desejar comer a comida deles era sinal de que havia chegado ao fundo do poço.

É nesse ponto que ocorre a virada: ele "caiu em si". Um despertar. Um reconhecimento. Um olhar para dentro. O jovem se lembra da casa do pai, da dignidade dos empregados, da abundância que havia abandonado. Decide, então, voltar. Mas sem arrogância, sem exigência. Retorna disposto a ser apenas um servo. O que ele não esperava era que o pai, rompendo todas as convenções culturais da época, corresse ao seu encontro, o abraçasse, o beijasse e restaurasse sua dignidade. Ali não havia julgamento, apenas festa. O filho que estava perdido foi encontrado. O que parecia morto reviveu.

Essa é a narrativa do recomeço. Mas ela não se encerra aí. Jesus nos apresenta outro personagem: o filho mais velho, aquele que permaneceu em casa, que se manteve obediente, que nunca transgrediu. Ao ver a celebração pelo retorno do irmão, sente-se injustiçado. Em sua fala ao pai, revela mágoa, ressentimento, um senso de mérito ferido: "Todos esses anos, tenho trabalhado como um escravo para o senhor e nunca me recusei a obedecer às suas ordens. E o senhor nunca me deu nem mesmo um cabrito para eu festejar com meus amigos. Mas, quando esse seu filho volta, depois de desperdiçar o seu dinheiro com prostitutas, o senhor comemora matando o novilho!".

É revelador que ele diga "seu filho", e não "meu irmão". A amargura criou uma barreira de linguagem, de pertencimento. O outro já não é mais parte de sua família, mas um estranho. O pai, no entanto, responde com ternura: "Meu filho, você está sempre comigo, e tudo que eu tenho é seu. Mas tínhamos de comemorar este dia feliz, pois seu irmão estava morto e voltou à vida. Estava perdido e foi achado!".

Nessa parábola, temos dois caminhos. O do que erra e volta, e o do que permanece mas não compreende a graça. Um recomeça e é restaurado. O outro permanece estático, prisioneiro de uma lógica meritocrática que o impede de se alegrar.

A cena final da narrativa, quando o filho é acolhido pelo pai, ficou eternizada na arte com o quadro de Rembrandt van Rijn, preservado no Museu Hermitage de São Petersburgo, na Rússia. Henri J. M. Nouwen, tão impressionado e tocado diante dessa obra de arte, escreveu um livro inteiro inspirado pelo quadro. Em sua obra, Nouwen confessa que se identifica com aquele personagem em pé, seguramente o filho mais velho, e lembra-nos que todos corremos o risco de seguir seus mesmos passos:

> Isso não é exclusividade minha. Há muitos filhos e filhas mais velhos que estão perdidos enquanto ainda em casa. É esta derrota — caracterizada por julgamento e condenação, raiva e ressentimento, amargura e ciúme — que é tão perniciosa e prejudicial ao coração humano. Muitas

vezes pensamos em derrota em termos de ações que são facilmente identificáveis, até espetaculares. O filho mais jovem pecou de maneira que é facilmente reconhecível. O seu desatino é óbvio. Ele empregou mal o seu dinheiro, tempo, amigos, seu próprio corpo. O que fez foi errado; não só sua família e amigos sabiam disso, mas ele mesmo. Ele se rebelou contra a moral e deixou-se seduzir pela sua própria concupiscência e ganância. Há algo claramente definido a respeito de sua má conduta. Depois, tendo visto que esse procedimento errado não levava senão a miséria, o filho mais jovem recobrou o bom senso, deu a volta e pediu perdão. Temos aqui uma falha humana clássica, com uma decisão acertada. Fácil de entender e fácil de aceitar.

O desacerto do filho mais velho, entretanto, é mais difícil de identificar. Afinal de contas, ele fez tudo o que devia. Foi obediente, cumpridor de suas obrigações, respeitador das leis e trabalhador. As pessoas o respeitavam; admiravam-no, elogiavam-no e consideravam-no, igualmente, um filho modelo. Aparentemente, o filho mais velho era sem defeitos. Mas quando se defronta com a alegria do pai pelo filho que volta, surge uma onda de revolta que explode, chegando à superfície. De repente, aparece ali nitidamente visível uma pessoa ressentida, orgulhosa, má, egoísta; alguém que permaneceu profundamente escondido apesar de estar crescendo e se fortalecendo ao longo dos anos.[1]

É possível estar na casa, mas com o coração longe do Pai da casa. É possível ser obediente, mas insensível. É possível fazer tudo certo e, ainda assim, não compreender a misericórdia. Na verdade, nossa bondade aparente é sempre testada quando colocados diante da tentação da justiça própria ou da avaliação de nossos direitos e méritos.

Vivemos numa sociedade que reproduz essa lógica do filho mais velho. Uma cultura do desempenho, da punição, do merecimento. Somos rápidos em julgar, lentos em perdoar. Olhamos os que caem com desconfiança. Às vezes, até dentro da igreja, reproduzimos esse

---

[1] Henri J. M. Nouwen, *A volta do filho pródigo: A história de um retorno para casa* (São Paulo: Paulinas, 2007), p. 78.

padrão. Exigimos acertos, mas não damos espaço para o arrependimento. Celebramos o sucesso, mas desprezamos os que tropeçam. E esquecemos que todos somos frágeis. Todos somos, em alguma medida, quebráveis. E todos, em algum momento, precisaremos recomeçar.

A igreja, portanto, deve ser um lugar de recomeços. Um espaço onde a graça não é apenas pregada, mas vivida. Onde a comunidade não exige perfeição, mas promove acolhimento. Onde o que importa não é o passado de alguém, mas a disposição para caminhar de novo. E, para que isso seja possível, é preciso cultivar um olhar sensível, disposto a reconhecer a humanidade no outro — e em nós mesmos.

Recomeçar começa com um passo difícil: olhar para dentro. A maior dificuldade não é assumir que erramos — é assumir que precisamos mudar. É mais fácil apontar culpados, terceirizar responsabilidades, buscar justificativas. Mas recomeçar exige autorresponsabilidade. "Cair em si" — esse é o ponto de virada. O momento em que reconhecemos nossas escolhas, nossas falhas, nossos padrões repetitivos. O momento em que, finalmente, paramos de fugir de nós mesmos.

> **Recomeçar começa com um passo difícil: olhar para dentro.**

E, ao olhar para dentro, percebemos algo ainda mais profundo: o recomeço não traz o passado de volta. Ele não reconstrói as coisas como eram. O filho pródigo não voltou o mesmo para a mesma casa, no mesmo lugar que a havia deixado. Ele voltou como outro homem, com outro olhar, com outra consciência. E isso é necessário. Recomeçar é abrir-se para o novo. É deixar que a vida assuma novas formas. O que passou, passou. E, ainda que haja saudade, não há mais como repetir a história. Mas é possível, com maturidade, escrever uma nova.

O problema de muitos recomeços frustrados está na tentativa de reviver o que já foi. Queremos que tudo volte a ser como antes. Mas o evangelho não nos convida à repetição. Ele nos convida à renovação. A Bíblia fala de vinho novo, odres novos, nova criação, novo nascimento. Recomeçar é, também, abandonar a nostalgia paralisante e abraçar o futuro com fé.

E, para isso, é preciso aprender. Os erros não são o fim — são lições. A vida nos ensina, mesmo quando não queremos aprender. Às vezes, a escola da dor é o único caminho para a maturidade. Reverberando a célebre frase de Rubem Alves: "Ostra feliz não faz pérola".

⁊ ⁊ ⁊

Assim, se estivermos dispostos a escutar, a refletir, a reconhecer onde tropeçamos, seremos capazes de evitar os mesmos buracos adiante. A sabedoria não nasce apenas da reflexão, mas também da experiência. E, quando aprendemos com nossos equívocos, eles deixam de ser fracassos e tornam-se degraus.

O recomeço é um milagre cotidiano. Não vem pronto. É construído, passo a passo, dia após dia. E, acima de tudo, ele acontece quando permitimos que Deus nos refaça. Quando não fugimos da nossa história, mas a oferecemos ao Pai. Quando não negamos nossas feridas, mas deixamos que elas sejam tratadas. Quando paramos de exigir do outro o que nem nós conseguimos ser.

Um casamento que ruiu, uma carreira que se perdeu, uma amizade que se quebrou, um sonho que se frustrou. Talvez você tenha errado, machucado pessoas, decepcionado a si mesmo. Talvez não saiba nem por onde começar. Mas saiba: o recomeço é possível. Não porque você merece, mas porque Deus é gracioso. Não porque você é forte, mas porque ele é paciente. Não porque tudo será como antes, mas porque o novo pode ser melhor.

Olhe para si. Reavalie. Aprenda. Reconstrua. E, acima de tudo, creia: a vida com Deus sempre permite recomeços. Sempre.

8

coragem para ser

relevância

Agora, irmãos, queremos que saibam o que Deus, em sua graça, tem feito por meio das igrejas da Macedônia. Elas têm sido provadas com muitas aflições, mas sua grande alegria e extrema pobreza transbordaram em rica generosidade.

Posso testemunhar que deram não apenas o que podiam, mas muito além disso, e o fizeram por iniciativa própria. Eles nos suplicaram repetidamente o privilégio de participar da oferta ao povo santo. Fizeram até mais do que esperávamos, pois seu primeiro passo foi entregar-se ao Senhor e a nós, como era desejo de Deus.

Por isso pedimos a Tito, que inicialmente encorajou vocês a contribuírem, que os visitasse outra vez e os animasse a completar esse serviço de generosidade. Visto que vocês se destacam em tantos aspectos — na fé, nos discursos eloquentes, no conhecimento, no entusiasmo e no amor que receberam de nós —, queríamos que também se destacassem no generoso ato de contribuir.

Não estou ordenando que o façam, mas sim testando a sinceridade de seu amor ao compará-lo com a dedicação de outros.

Vocês conhecem a graça de nosso Senhor Jesus Cristo. Embora fosse rico, por amor a vocês ele se fez pobre, para que por meio da pobreza dele vocês se tornassem ricos.

2Coríntios 8.1-9

A coragem para ser se desdobra em diversas dimensões da vida cristã. Ser, em sua forma mais profunda, é um chamado a viver com integridade diante de Deus, do mundo e de nós mesmos — não se trata apenas de praticar algo exterior, mas de encarnar, de fato, aquilo que somos chamados a ser. E, nesse caminho, somos levados a confrontar um dos aspectos mais desafiadores de nosso tempo: a relevância.

Não me refiro aqui à relevância nos moldes de visibilidade ou influência das redes sociais, nem ao desejo de reconhecimento, aplauso ou aprovação. O tipo de relevância de que falo nasce da essência do evangelho e do modo como este nos faz habitar o mundo. A coragem para ser relevância é a disposição de ser sinal. Sinal de um Reino que já está entre nós. Sinal de uma presença que transforma ambientes, ainda que silenciosamente. Sinal de que há um outro jeito de viver, sentir e cuidar.

O evangelho nos convida a ser esse sinal encarnado. A viver como alguém que faz diferença, não por status, mas por serviço. Uma presença que, mesmo em silêncio, cura. Que, mesmo discreta, sustenta. Que, mesmo ferida, continua sendo luz. Ser relevância, nesse sentido, não é um projeto de imagem. É um modo de viver. É não aceitar passar pelo mundo sem marcar positivamente as pessoas. É encarnar o Reino com tudo o que temos e somos.

Um exemplo marcante de pessoa dedicada à sinalização do Reino é o bispo estadunidense Arthur M. Brazier, da Igreja Apostólica de Deus. Como ativista, Brazier esteve intensamente envolvido em lutas por educação, moradia, progresso econômico e racial. Foi cofundador da Organização Woodlawn, dedicada ao enfrentamento da segregação racial e da precariedade imposta à comunidade negra no bairro de Woodlawn, Chicago, e arredores. Em 1966, durante os tensos conflitos raciais em meio ao movimento de direitos civis, articulou para levar Martin Luther King Jr. a Chicago e esteve a seu lado nas marchas contra a segregação em moradias e escolas. À época de sua morte, o presidente Barack Obama o chamou de "querido amigo, um defensor da cidade de Chicago e uma das principais figuras morais da nossa nação" e disse que "não há como substituir o coração gentil e a determinação sem limites que o bispo Brazier trouxe para alguns dos desafios mais urgentes que Chicago e nossa nação enfrentam".[1]

A vida e o testemunho de Arthur Brazier e a imensa igreja que ele pastoreava mostram que a dinâmica do Espírito produz sensibilidade social, transformando o Corpo de Cristo em força profética que sinaliza a presença do Reino. Isso significa relevância. É marcar positivamente pessoas, participar de movimentos que toquem a realidade ou façam da existência de outras pessoas algo melhor e mais digna. Quando somos relevantes, arrancamos do coração das pessoas palavras como a da reitora Ann Marie Lipinski: "O impacto do bispo Brazier na cidade, na universidade e, especificamente, em muitos de nós, foi intensa e profunda".[2]

---

[1] "Bishop Arthur M. Brazier, tireless advocate for Woodlawn community, 1921-2010", UChicago News, 22 de outubro de 2010, <https://news.uchicago.edu/story/bishop-arthur-m-brazier-tireless-advocate-woodlawn-community-1921-2010>.
[2] Ibid.

Personagens como o bispo de Chicago estão em um lugar de presencialidade no mundo de destaque, mas a relevância dos seguidores e seguidoras de Jesus se dá também no microcosmo das relações, nos lugares cotidianos da vida.

🕊 🕊 🕊

A Escritura é o lugar no qual esse projeto de vida é revelado, confrontado e alimentado. É a partir dela que discernimos como viver e por que viver. Não se trata de idolatrar a letra, mas de permitir que o Espírito, através da Palavra, modele nossa existência. Quando nos debruçamos sobre os textos sagrados com reverência, escuta e coragem, somos convocados a uma transformação profunda. Porque não basta ouvir. É preciso decidir. Obedecer. Pôr em prática. E tornar-se, com isso, uma presença que transforma o mundo.

Um exemplo poderoso desse tipo de relevância aparece em 2Coríntios 8. Paulo, ao escrever à comunidade de Corinto, relembra o testemunho das igrejas da Macedônia. Embora atravessassem momentos de grande tribulação e extrema pobreza, ainda assim transbordaram em generosidade. O apóstolo não os enaltece por doarem muito dinheiro, mas por se entregarem — primeiro ao Senhor, depois aos irmãos. O gesto deles não foi de conveniência, mas de convicção. Eles suplicaram a Paulo o privilégio de contribuir com os irmãos que sofriam em Jerusalém.

Esse texto revela uma espiritualidade profundamente madura. Aqueles irmãos não doavam porque lhes sobrava. Davam mesmo na escassez. E não por pressão. Era voluntário, alegre, comprometido. Isso é relevância: não esperar estar bem para cuidar do outro, mas reconhecer que há sentido na vida quando somos resposta à dor do outro. Aquele povo encontrou prazer em servir. Eles compreenderam que a vida ganha cor quando tocamos outras vidas.

É esse senso de compromisso que falta em muitos espaços de fé hoje. Vivemos uma fé que, muitas vezes, gira em torno de nossas próprias demandas, nossos desejos, nossas conquistas. Mas o evangelho nos empurra para além de nós. O evangelho nos chama a olhar em volta. A ouvir a dor dos outros. A nos solidarizar, mesmo que aquela dor não nos afete diretamente. Porque, na lógica do Reino, a dor do outro é também a minha dor. O sofrimento do outro me convoca.

> **Vivemos uma fé que, muitas vezes, gira em torno de nossas próprias demandas, nossos desejos, nossas conquistas. Mas o evangelho nos empurra para além de nós.**

É curioso como muitas vezes só nos sensibilizamos por aquilo que nos atinge pessoalmente. O evangelho, contudo, amplia nossa empatia. Faz com que choremos com os que choram, mesmo sem ter passado pelo que passaram. Faz com que nos engajemos na luta por justiça, mesmo que não sejamos diretamente oprimidos. Faz com que saíamos de nós, para que o outro não seja esquecido.

Lembro-me de ouvir o testemunho de uma jovem com câncer terminal. Ela dizia que não orava mais por cura, mas por força para orar pela cura de outros. Que, se pudesse fazer o bem a alguém, mesmo em seus últimos dias, isso já daria sentido à sua vida. Ali, a relevância se fez presente — não como conquista, mas como entrega. A presença que cura mesmo sem estar curada. Que serve mesmo em meio à dor. Que abençoa mesmo quando tudo parece estar desmoronando.

Relevância, então, é viver com esse senso de missão. De que nosso tempo, nosso corpo, nossos recursos, nossa escuta — tudo pode ser semente na vida de alguém. Isso exige coragem. Porque é mais fácil se fechar em si mesmo, se proteger, viver apenas para si. Mas quem escolhe o evangelho escolhe também a exposição da generosidade. Escolhe o risco da entrega. Escolhe ser um sinal de Deus no mundo.

🕊 🕊 🕊

O povo da Macedônia, conforme relata o apóstolo Paulo em 2Coríntios 8, não apenas doou recursos. Doou a si mesmo. Suplicou pela chance de participar da obra. E observe mais uma vez: eles não foram pressionados. Não houve chantagem espiritual. Ninguém disse que Deus pesaria a mão caso não contribuíssem. Eles quiseram fazer parte. Porque entenderam que servir é um privilégio.

Essa é uma mudança radical de mentalidade. Para muitos, privilégio é estar acima dos outros. É ter mais. Ter vantagens. Ser servido. Mas, no evangelho, privilégio é poder servir. É poder estender a mão. É ter com quem repartir. É estar presente na dor de alguém. E, mais ainda, é reconhecer que o servir também nos cura. Porque, ao enxugar a lágrima do outro, enxugamos as nossas. Ao acolher, somos acolhidos. Ao amar, nos tornamos mais humanos.

Quantas vezes mergulhamos em angústias, crises, sentimentos de vazio, e não percebemos que a cura pode estar justamente em olhar para fora? Em sair do buraco do egocentrismo e tocar outras histórias? O serviço ao outro nos devolve humanidade, tirando-nos do centro e reposicionandonos no mundo. Quando entendemos isso, o prazer da existência muda de eixo. Já não está em conquistas, mas em conexões. Não em acúmulos, mas em partilhas. Não em títulos, mas em presença.

Nosso tempo clama por relevância. Não a dos palcos, mas a dos encontros. Não a dos discursos, mas a dos gestos. Gente que abraça, que ouve, que ajuda, que serve. Gente que não precisa aparecer para ser significativa. Que não precisa ser aplaudida para transformar. Gente que, na simplicidade do cotidiano, faz diferença real.

E a igreja precisa ser esse lugar. Não uma instituição preocupada em manter estruturas, mas uma comunidade que se reconhece como corpo vivo, pulsante, atento ao sofrimento. Uma igreja relevante é aquela que, como o povo da Macedônia, diz: "Deixe-me ajudar". É aquela que não vive para si, mas que se sente enviada ao mundo. Que entende que o púlpito não é o centro — o centro é o serviço.

Já ouvi de pessoas que a igreja devolveu a elas a esperança. Gente que vinha de experiências religiosas adoecidas, marcadas por culpa, medo e controle. E, ao se reencontrar com a fé num ambiente de escuta e cuidado, redescobriu que o evangelho ainda é boa notícia. Isso é relevância. É quando sua vida se torna sinal de restauração para alguém.

Por isso, é tão necessário redescobrirmos o prazer no evangelho. Não o prazer dos instintos, do consumo, da vaidade, mas o prazer que nasce de Deus e nos move para o outro. Um prazer que não acaba quando o culto termina, porque não está ligado à emoção momentânea, mas ao chamado de ser presença viva. Uma presença que ama, acolhe, serve, cura. Que não espera estar perfeita para começar. Que, mesmo ferida, se doa.

O evangelho nos convida a essa ousadia: ser relevância. E ser relevância é ter coragem para sair do palco da própria vaidade e entrar no terreno sagrado do cuidado. É sair da centralidade do "eu" para se tornar abrigo do "nós". É viver não como alguém que acumula, mas como alguém que reparte. É deixar que Deus use nossa história, com suas marcas e imperfeições, para tocar outras histórias.

O Reino de Deus é feito disso. De encontros. De gestos. De comunhão. De sinais. E nós somos chamados a ser esses sinais. Mesmo que ninguém veja. Mesmo que ninguém aplauda. Porque o que dá sentido à vida não é o reconhecimento — é o impacto. É saber que, por onde passamos, algo mudou. E que essa mudança foi feita de amor.

9

**coragem
para ser** justiça

"O que os faz pensar que desejo seus muitos sacrifícios?",
    diz o Senhor.
"Estou farto de holocaustos de carneiros
    e da gordura de novilhos gordos.
Não tenho prazer no sangue de touros,
    de cordeiros e de bodes.
Quem lhes pediu que fizessem esse alvoroço por meus pátios
    quando vêm me adorar?
Parem de trazer ofertas inúteis;
    o incenso que oferecem me dá náusea!
Suas festas de lua nova, seus sábados
    e seus dias especiais de jejum
são pecaminosos e falsos;
    não aguento mais suas reuniões solenes!
Odeio suas festas de lua nova e celebrações anuais;
    são um peso para mim, não as suporto!
Não olharei para vocês quando levantarem as mãos para orar;
    ainda que ofereçam muitas orações, não os ouvirei,
    pois suas mãos estão cobertas de sangue.
Lavem-se e limpem-se!
Removam seus pecados de minha vista
    e parem de fazer o mal.
Aprendam a fazer o bem
    e busquem a justiça.
Ajudem os oprimidos,
    defendam a causa dos órfãos,
    lutem pelos direitos das viúvas."

Isaías 1.11-17

Falar sobre justiça é mergulhar num dos temas mais centrais da Bíblia. Não há como percorrer as Escrituras sem esbarrar, a cada passo, na exigência divina por justiça. Mas é preciso cuidado: justiça, como aparece nas Escrituras, não é a justiça do tribunal, do código penal, da punição merecida. A justiça de Deus não cabe nos moldes da meritocracia. Ela não se limita a punir quem erra ou a recompensar quem acerta. A justiça bíblica é, antes de tudo, um jeito de ser — uma característica essencial do próprio Deus.

Dizer que Deus é justo, no vocabulário bíblico, não significa que ele age conforme a régua meritória humana, punindo os maus e premiando os bons. Essa concepção é uma projeção de nosso senso de retribuição, de nosso desejo por controle. Projetamos sobre Deus a imagem de um juiz impiedoso, um vingador que faz valer nossas indignações pessoais. Mas Deus é outra coisa. Sua justiça é compassiva, restauradora, inclusiva. Não é vingança, é cuidado.

No Antigo Testamento, existem pelo menos três termos hebraicos para justiça: *mišpāṭ*, *ṣedeq* e *ṣedāqāh*. E esses termos não carregam a ideia direta de punição divina ou aplicação da lei, mas de cuidado e ação em favor dos que são excluídos de seus direitos. Conforme explica Armindo dos Santos Vaz:

> As três palavras *mišpāṭ*, *ṣedeq* e *ṣedāqāh* aparecem frequentemente em contexto de justiça salvadora, que inclui uma ação de amor gratuito e

de misericórdia benfeitora. É importante notar que as três palavras aparecem frequentemente em paralelo com conceitos associados à aliança de Deus com Israel, como *hesed* ("bondade, misericórdia, amor") e *'emet* ("verdade, fidelidade"). Estas ligações fazem sobressair em *mišpāṭ*, ṣedeq e *ṣedāqāh* o Sentido de uma atitude de bondade social ativa, sempre disposta a atender à necessidade do outro e a promover o seu bem: apontam para uma bondade generosa, fiável e fiel. Portanto, o seu significado vai para além da justiça estrita; é uma justiça libertadora; refere-se ao melhoramento das condições do necessitado na sociedade, melhoramento que, no plano do governo, se manifesta por medidas legais, adequadas ao fim em vista.[1]

Portanto, dizer que Deus é justo no Primeiro Testamento significa que ele cuida do órfão, da viúva e do estrangeiro, grupos frágeis e em risco no contexto do mundo antigo: "Aprendam a fazer o bem e busquem a justiça [*mišpāṭ*]", registra o profeta Isaías. Ser justo, nas Escrituras, é defender os interesses dos vilipendiados e viver como alguém que não dá manutenção a práticas que oprimem ou mesmo legitimam a exclusão.

🕊 🕊 🕊

Na verdade, é perigoso demais quando confundimos justiça com vingança. Essa confusão é antiga. Muitos textos bíblicos usam termos que, à primeira vista, parecem evocar a vingança de Deus. Mas essa leitura desatenta desfigura o caráter divino. Deus não é um carrasco celestial nem um justiceiro a serviço de nossos ressentimentos. Ele não executa a fúria humana, não se confunde com nosso desejo de castigar.

Diante de tragédias e catástrofes, não é incomum ouvir vozes que atribuem os acontecimentos à "mão pesada de Deus".

---

[1] Armindo dos Santos Vaz, "Justiça e misericórdia na Bíblia hebraica", in: *Didaskalia* XLI (2011), Lisboa, p. 223.

Foi assim em momentos recentes, quando desastres naturais em nosso país foram interpretados como castigos divinos por supostas infidelidades religiosas. Tais afirmações são graves distorções. Se há responsáveis, eles se encontram entre nós: são políticas públicas ausentes, escolhas econômicas equivocadas, destruição ambiental. Projetar sobre Deus nossos descuidos é injusto e, sobretudo, antibíblico.

Assim, se queremos entender o que incomoda a Deus, não devemos olhar para expressões culturais ou performances artísticas. Devemos olhar para a violência, para a hipocrisia, para a exploração cometida até mesmo em nome dele. O que fere o coração de Deus é a injustiça institucionalizada, a opressão que se mascara de piedade, a liturgia que ignora o sofrimento humano.

O profeta Isaías é uma das vozes mais potentes nesse sentido. No primeiro capítulo de seu livro, encontramos um Deus cansado da religiosidade vazia de seu povo. Os ritos estavam sendo cumpridos: festas, orações, ofertas. Mas tudo aquilo havia se tornado repugnante para Deus. "Quem lhes pediu que fizessem esse alvoroço por meus pátios quando vêm me adorar?", pergunta ele. "Suas festas de lua nova, seus sábados e seus dias especiais de jejum são pecaminosos e falsos; não aguento mais suas reuniões solenes! [...] ainda que ofereçam muitas orações, não os ouvirei, pois suas mãos estão cobertas de sangue."

É um dos textos mais incisivos das Escrituras. O povo adorava, cantava, ofertava. Mas Deus virava o rosto. Por quê? Porque a adoração estava dissociada da justiça. Havia liturgia, mas não havia compaixão. Havia culto, mas não havia cuidado. E Deus não aceita esse tipo de separação. O culto que ele deseja é aquele que se traduz em ações concretas: "Aprendam a fazer o bem e busquem a justiça. Ajudem os oprimidos, defendam a causa dos órfãos, lutem pelos direitos das viúvas".

Órfãos e viúvas: duas figuras emblemáticas da Bíblia. Não se trata de metáforas. São pessoas reais, vítimas da exclusão social e econômica. Na cultura patriarcal do Oriente Médio antigo, a mulher sem marido ou filhos vivia à margem, sem proteção, sem sustento, e a criança sem pais não tinha qualquer chance de sobrevivência digna. Justiça, então, é oferecer o que essas pessoas perderam. É garantir dignidade, cuidado, vida.

Jesus compreendia isso com perfeição. Quando, em Lucas 7.11-17, devolve a vida ao filho da viúva de Naim, não o faz apenas para confortar uma mãe. Ele restitui àquela mulher a sua dignidade, seu futuro. O milagre é também uma declaração política. Jesus sabia quem precisava mais do toque da graça. Essa compreensão muda completamente a forma como olhamos o mundo. Justiça, segundo Deus, é transformar realidades de exclusão em espaços de acolhimento. Por isso, Jesus declara: "Felizes os que têm fome e sede de justiça" (Mt 5.6). Ele fala com gente que literalmente tem fome. Gente que não tem o que comer, o que vestir, onde morar. A fome de justiça não é uma abstração filosófica, mas uma experiência concreta.

Os Evangelhos registram que as multidões eram como "ovelhas sem pastor" (Mt 9.36; 14.14). Isso também não é apenas figura de linguagem espiritual. Elas estavam, de fato, desamparadas. Não havia quem as protegesse. O Estado romano as explorava. A religião institucional as condenava. O povo estava exausto, faminto, doente. E o Reino de Deus aparece justamente como uma resposta a essa dor.

Por isso, justiça não é apenas um atributo divino. É uma vocação humana. Ser justo é alinhar-se com o jeito de Deus ver e agir no mundo. E não se trata de um projeto teórico ou partidário. Antes de qualquer formulação política, as Escrituras já exigiam cuidado com os pobres, os fracos, os esquecidos. Séculos antes das lutas por direitos humanos, Isaías já clamava: "Lutem pelos direitos do órfão" (Is 1.17). Amós já gritava: "Quero ver uma grande inundação de justiça, um rio inesgotável de retidão" (Am 5.24).

O Reino de Deus é, antes de tudo, o Reino da justiça.

Não é exagero afirmar que o Reino de Deus é, antes de tudo, o Reino da justiça. Onde houver justiça, ali está o Reino. Isso significa que a ação de Deus não se limita ao espaço eclesial. Deus não está apenas onde se faz culto, mas onde a justiça se realiza. Um tribunal que protege os inocentes, uma escola que acolhe crianças marginalizadas, uma casa que partilha o pão — todos esses lugares são, também, altares de Deus.

Por isso, não basta à igreja ser piedosa. Ela precisa ser justa. Não é suficiente orar, jejuar, cantar. A igreja que ignora o sofrimento da sociedade trai o evangelho que diz seguir. Em um país onde a maioria se declara cristã, como explicar a permanência da miséria? Como tolerar o descaso com mulheres violentadas, com crianças abusadas, com famílias famintas? Ser presença de justiça significa incomodar-se. Significa sair da zona de conforto. É olhar para além das estatísticas e enxergar pessoas. Quando vemos uma mãe que perdeu o filho para a violência e dizemos apenas "Deus sabe o que faz", não estamos sendo piedosos — estamos sendo cruéis. A justiça de Deus nos obriga a agir. A acolher. A denunciar. A proteger.

Na prática, isso começa com pequenas posturas. Envolve o modo como tratamos quem está à margem. O que fazemos com nossos privilégios. Como usamos nossa influência. É possível que alguém nunca entre em um templo, mas conheça o amor de Deus através de nossas atitudes. E é possível que alguém entre em um templo e saia com mais feridas do que entrou, se ali não encontrar justiça.

✼ ✦ ✈

Durante séculos, o cristianismo protestante liderou transformações sociais profundas. Foram protestantes os pioneiros na defesa de educação para todos, da dignidade dos leprosos, da preservação ambiental. Eles entendiam que crer no evangelho era viver como sal e luz — como agentes de mudança.

É esse legado que precisamos recuperar. Em vez de uma igreja obcecada por moralismo, que se ocupa em fiscalizar a vida alheia, precisamos de uma igreja movida pela compaixão. Que chora com quem chora. Que dá de comer a quem tem fome. Que protege os corpos e as almas. A justiça que Deus espera não está nos holocaustos nem nos cânticos. Está na decisão de viver com sensibilidade. No compromisso com o bem comum. Na escolha de ser resposta concreta à dor do mundo. Essa é a coragem de ser justiça. Não uma justiça de discurso, mas de vida. Uma justiça que encarna o Cristo — aquele que passou a vida cuidando dos que ninguém queria ver.

Essa é a nossa vocação. Ser gente que não apenas fala sobre justiça, mas que a vive, que a oferece, que a carrega como sinal de que Deus ainda se importa. Porque ele se importa. E, se a igreja quer estar com Deus, é com os marginalizados que ela deve estar.

10

**coragem
para ser**

fragilidade

Por favor, venha assim que puder. Demas me abandonou, pois ama as coisas desta vida e foi para Tessalônica. Crescente foi embora para a Galácia, e Tito, para a Dalmácia. Apenas Lucas está comigo. Traga Marcos com você, pois ele me será útil no ministério. Enviei Tíquico a Éfeso. Quando vier, não se esqueça de trazer a capa que deixei com Carpo, em Trôade. Traga também meus livros e especialmente meus pergaminhos.

Alexandre, o artífice que trabalha com cobre, me prejudicou muito, mas o Senhor o julgará pelo que ele fez. Tome cuidado com ele, porque se opôs fortemente a tudo que dissemos.

Na primeira vez que fui levado perante o juiz, ninguém me acompanhou. Todos me abandonaram. Que isso não seja cobrado deles. Mas o Senhor permaneceu ao meu lado e me deu forças para que eu pudesse anunciar as boas-novas plenamente, a fim de que todos os gentios as ouvissem. E ele me livrou da boca do leão. Sim, o Senhor me livrará de todo ataque maligno e me levará em segurança para seu reino celestial. A Deus seja a glória para todo o sempre! Amém.

2Timóteo 4.9-18

Deus é inesgotável. Nenhuma teologia, por mais sólida que pareça, é capaz de contê-lo plenamente. Nenhuma pregação, por mais inspirada que seja, pode encerrá-lo em um conceito. No dia em que isso acontecesse, Deus deixaria de ser Deus — seria apenas projeção humana. É por isso que falar sobre Deus é sempre um exercício de humildade. Precisamos, com reverência, reconhecer que estamos diante de um mistério. A linguagem já é um bom sinal de nossa fragilidade.

Nossa linguagem é frágil, limitada, cheia de lacunas. Já tentou descrever uma emoção profunda e não encontrou palavras? Imagine, então, descrever o Criador dos céus e da terra. O próprio apóstolo Paulo nos lembra que há momentos em que o Espírito intercede por nós com gemidos inexprimíveis (Rm 8.26) — justamente quando a linguagem falha.

Na história da teologia, o conceito de revelação por vezes ganhou formas pretensiosas. Revelação divina como manifestação sem resquício do não visível, eliminando as ausências e os silêncios. E o dizer sobre Deus parecia capaz de esgotar tudo que ele é. Tal concepção não permite, por exemplo, contemplar as fraturas em nossos olhos e confere à teologia uma capacidade de expressar tudo que se pode saber sobre o Senhor.

A mesma teologia que se sentiu atraída pelo poder de conhecer a Deus em sua totalidade precisou propor reações internas. Uma delas é desenvolvida pelo teólogo suíço Karl Barth. Com ele afirma-se a compreensão de Deus como "Totalmente Outro", aquele que é e sempre será imprevisível e indomesticável. Nenhuma palavra pode descrevê-lo a ponto de dizer: "Pronto! É isto e nada além disto!". Para Barth o movimento da revelação tem duas faces: mostrar-se e ocultar-se. É o Deus *absconditus*, ou abscôndito. Desvenda ao mesmo tempo que deixa o véu. No latim, *revelatio*, revelação, tem exatamente esse sentido: tirar o véu e, ao mesmo tempo, engrossar o velamento.

Como diz o profeta Isaías:

Busquem o Senhor enquanto podem achá-lo;
    invoquem-no agora, enquanto ele está perto.
Que os perversos mudem de conduta
    e deixem de lado até mesmo a ideia de fazer o mal.
Que se voltem para o SENHOR,
    para que ele tenha misericórdia deles;
sim, voltem-se para nosso Deus,
    pois ele os perdoará generosamente.

"Meus pensamentos são muito diferentes dos seus", diz o SENHOR,
    "e meus caminhos vão muito além de seus caminhos.
Pois, assim como os céus são mais altos que a terra,
    meus caminhos são mais altos que seus caminhos,
    e meus pensamentos, mais altos que seus pensamentos."

Isaías 55.6-9

Mesmo assim, Deus se comunica. Especialmente em Jesus, pois nele encontramos a imagem do Deus invisível (Cl 1.15). Ele se revela no cotidiano, na simplicidade, no silêncio. Ele fala quando tudo em nós parece querer desistir de ouvir, e é por isso que podemos, com confiança, lançar sobre ele nossas ansiedades. Não porque entendemos tudo o que ele faz, mas porque sabemos que ele cuida de nós. Lançar nossas ansiedades sobre Deus é um passo de fé. É reconhecer que, embora nem sempre tenhamos clareza do que está acontecendo, podemos confiar que estamos em suas mãos.

Muitas vezes, nossa visão sobre Deus e a fé não dá conta da realidade que enfrentamos. O modelo teológico que temos em mente não serve para o tipo de dor que sentimos. E, então, somos convidados a ir além da compreensão: somos chamados a confiar.

🕊 🕊 🕊

Essa entrega não acontece de forma automática. Quando estamos no meio da dor, quando o sofrimento aperta, quando tudo ao nosso redor parece ruir, confiar não é fácil. A dor grita alto. O silêncio de Deus, nesses momentos, parece ensurdecedor. Mas, ao longo do tempo, aprendemos que, mesmo quando não sentimos, ele está presente. Mesmo quando não vemos, ele continua agindo.

Daí a necessidade de ter Jesus como o centro de nossa compreensão. Ele é a revelação máxima do divino. Tudo o que precisamos saber sobre o caráter de Deus está em Cristo — em sua forma de amar, de acolher, de confrontar, de servir. O problema surge quando a igreja se distancia de Jesus. Quando falamos de muitos e variados temas, mas ele, o Deus encarnado, não aparece. Quando ocupamos nossos púlpitos com discursos motivacionais ou morais, mas nos esquecemos de que a fé cristã gira em torno da cruz e da ressurreição.

> **Tudo o que precisamos saber sobre o caráter de Deus está em Cristo — em sua forma de amar, de acolher, de confrontar, de servir.**

Lembro-me de que participei de um congresso cujo tema era "Simplesmente Jesus". Éramos pelo menos quinze pregadores convidados e, surpreendentemente, a maioria de nós mal mencionou o nome de Jesus em nossas mensagens. Isso revela algo profundo: falar de Jesus é desconfortável. Ele desestabiliza nossos sistemas. Ele questiona nossa forma de lidar com o poder, com o dinheiro, com o próximo.

O Brasil é um país religioso e cada vez mais evangélico. A pergunta que me inquieta é: quanto de Jesus há em tudo isso? Porque religiosidade sem Cristo é apenas ritual. É ruído vazio. E o convite do evangelho é retornar ao essencial — e o essencial é sempre Jesus.

Esse retorno nos leva também à coragem de olhar para dentro. De encarar nossas próprias fragilidades. E ninguém melhor para nos ensinar isso do que o apóstolo Paulo. Em 2Timóteo 4.9-18, encontramos um dos textos mais humanos da Bíblia. O grande Paulo, que escreveu boa parte do Novo Testamento, que fundou igrejas por todo o mundo antigo, que enfrentou prisões e perseguições — agora está só. Fragilizado. Pedindo companhia. E admitindo sua dor.

Demas o abandonou. Alexandre lhe causou males. Na sua defesa, ninguém esteve presente. E o que Paulo faz? Pede a capa. Pede os livros. Pede que tragam Marcos, o mesmo com quem teve uma séria divergência no passado. Paulo está vulnerável. E não esconde isso. Ele não tenta parecer forte. Ele simplesmente é humano. Paulo partilha sua limitação e crises. Expõe seu sentimento de abandono.

Conseguir lugares seguros para partilhar nossas fragilidades é libertador e nos salva. A narrativa cultural da autossuficiência adoece e mata. Um bom exemplo do poder da compreensão de si e a salvação na partilha é o Alcoólicos Anônimos (AA), que ajuda homens e mulheres a enfrentarem seu alcoolismo. Sob a orientação de Doze Passos, princípios fundamentais para a superação da escravidão do álcool, os grupos repetem sempre o mesmo lema: "Um dia de cada vez".[1] Trata-se de uma atitude humilde perante as fragilidades e a doença que carregam. No primeiro passo, afirma-se: "Admitimos que éramos impotentes perante o álcool — que tínhamos perdido o domínio sobre nossas vidas". Na meditação diária do sétimo passom é dito: "É, de fato, uma atitude de humildade perceber que não apenas somos impotentes diante da adicção, mas também perante nossos defeitos de caráter".

Nesse ambiente de confissão de fraquezas e reconhecimento da necessidade de ajuda, a partilha nos grupos do AA torna-se instrumento de tratamento eficiente da dependência química. Nas reuniões, os presentes se sentem confortáveis para expor seus dramas e lutas, e ouvem, livremente, as histórias e batalhas uns dos outros. Sempre quando penso nesse programa, lembro-me de Tiago 5.16: "Portanto, confessem seus pecados uns aos outros e orem uns pelos outros para serem curados. A oração de um justo tem grande poder e produz grandes resultados".

Aqui há dois pontos que têm muito a dizer sobre a potência libertadora da partilha de nossas fraquezas. Primeiro, encontrar um lugar seguro para abrir a alma não significa buscar perdão. Ninguém pode tomar o lugar de Deus — como parecem acreditar alguns pastores que entendem a confissão de gabinete como parte do processo de aceitação de Deus. Confessar, se abrir, na verdade, gera cura. Partilhar em lugares seguros é curador.

Segundo, a oração no texto de Tiago não consiste em fórmula mágica para receber bens e conquistar coisas através de uma prece. Trata-se, antes, de um componente em ambiente seguro de partilha e confissão a fim de produzir libertação, o que traz os monstros

---

[1] O NA (Narcóticos Anônimos), que ajuda pessoas com problemas de drogadição e segue os Doze Passos como o AA, usa uma frase parecida: "Só por hoje". Tanto esta quanto aquela apontam para a ideia de um cuidado cotidiano de sua dependência química.

escondidos à luz. Ou seja, só buscamos ajuda quando sabemos que precisamos de socorro.

Somente reconhecendo a fragilidade será possível chegar a esse lugar. Ir na contramão de um mundo de aparências torna nossa vida possível e saudável. Nesse sentido, a sabedoria bíblica de Provérbios 18.12 faz todo sentido: "A arrogância precede a destruição; a humildade precede a honra". Na verdade, como registrou Paulo as palavras de Deus para ele em 2Coríntios 2.8-9: "Minha graça é tudo de que você precisa. Meu poder opera melhor na fraqueza". E concluiu: "Portanto, agora fico feliz de me orgulhar de minhas fraquezas, para que o poder de Deus opere por meu intermédio. Por isso aceito com prazer fraquezas e insultos, privações, perseguições e aflições que sofro por Cristo. Pois, quando sou fraco, então é que sou forte".

🕊 🕊 🕊

A fé cristã não elimina nossa fragilidade. Pelo contrário, ela a assume. Ela nos lembra que somos vasos de barro — frágeis, mas cheios de um tesouro. A espiritualidade verdadeira não é a que nega a dor, mas a que sabe habitá-la com fé.

O problema é que nossa cultura — inclusive a cultura de igreja — sacraliza a força, a vitória, o sucesso. Somos ensinados a esconder as rachaduras. A sorrir sempre. A dizer que está tudo bem, mesmo quando o mundo está desmoronando. E essa cultura adoece. Faz com que nos tornemos estranhos a nós mesmos e cria um ambiente em que não é permitido ser fraco. Em que chorar é sinal de pouca fé. Em que procurar ajuda psicológica é visto como pecado.

É urgente dizer: somos humanos. Temos limites. Ficamos doentes. Sofremos perdas. Passamos por crises. E isso não nos torna menos espirituais — apenas nos torna mais conscientes da nossa humanidade. O evangelho não nos chama a fingir força, mas a confiar na força de Deus, que se aperfeiçoa justamente na fraqueza.

Não reconhecer isso nos coloca em caminhos perigosos. Tornamo-nos pessoas endurecidas, exigentes, desconectadas da graça. Adoecemos por dentro e adoecemos quem está ao nosso redor. Guardamos palavras que deveriam ser ditas. Silenciamos gritos que deveriam ser ouvidos. E, com isso, vamos nos destruindo lentamente.

Paulo, naquele momento final, teve coragem de se expor e dizer o que sentia. Teve coragem de pedir ajuda. De nomear pessoas e situações. E isso é maturidade. Ele não guardou para si. Ele buscou o outro. Porque sabia que não poderia enfrentar tudo sozinho. Quantas vezes fazemos o contrário? Preferimos sofrer calados a nos arriscar a sermos mal interpretados. Temos medo de parecer fracos, então vestimos uma máscara. Fingimos que estamos bem. Mas, por dentro, vamos morrendo um pouco a cada dia.

A coragem de ser começa com a coragem de se abrir. De dizer: "Não estou bem". De pedir companhia. De procurar ajuda profissional, se necessário. De expor o que está travado por dentro. Porque o silêncio pode nos adoecer mais do que qualquer dor, ao passo que ter com quem falar é uma das maiores dádivas da vida. Paulo teve Timóteo, Lucas e Marcos. Ele sabia que, mesmo sozinho, ainda havia gente com quem podia contar. E isso fez toda a diferença.

Vivemos em um mundo hiperconectado e, ao mesmo tempo, profundamente solitário. E, no entanto, não há nada mais sagrado do que ter com quem dividir a vida. Não há nada mais libertador do que poder ser quem se é — com todas as falhas, os medos e as fragilidades — e ainda assim ser acolhido. Precisamos valorizar quem está perto. Cuidar das relações que sustentam nossa vida. Dar atenção a quem caminha conosco.

No fim da carta, Paulo louva: "A ele seja a glória para todo o sempre". Um louvor que não nasce da bonança, mas da dor. Que não vem da vitória aparente, mas da confiança profunda. Mesmo só, mesmo abandonado, mesmo às portas da morte, ele glorifica a Deus. E isso é fé. É fé que não depende das circunstâncias. É fé que resiste mesmo quando a esperança parece remota. É fé que se expressa não na negação da dor, mas na convicção de que Deus continua presente, mesmo quando tudo parece escuro.

Essa é a coragem para ser: viver a própria humanidade com honestidade. Ser frágil sem se envergonhar. Ser sincero sem medo do julgamento. Ser inteiro, mesmo quando os pedaços internos parecem dispersos. É nesse espaço de verdade que Deus age. Que a graça se manifesta. Que a cura começa.

11

**coragem
para ser**

inadequação

Ó Senhor, se me curares, serei verdadeiramente curado;
    se me salvares, serei verdadeiramente salvo.
Louvo somente a ti!
    As pessoas zombam de mim e dizem:
"Onde está a mensagem do Senhor?
    Por que suas profecias não se cumprem?".
Senhor, não abandonei meu trabalho
    como pastor do teu povo.
Não pedi que enviasses calamidades;
    ouviste tudo que eu disse.

Senhor, não me aterrorizes;
    somente tu és meu refúgio no dia da calamidade.
Traze vergonha e desespero sobre os que me perseguem,
    mas não permitas que eu fique envergonhado e desesperado.
Traze sobre eles um dia de calamidade,
    sim, traze sobre eles destruição em dobro!"

Jeremias 17.14-18

A coragem para ser diferente não nasce nos palcos, mas no íntimo. Não se revela em aplausos, mas no silêncio das escolhas difíceis. Essa coragem não é apenas reação momentânea, mas expressão constante do nosso modo de viver, porque não somos definidos por um ato isolado, uma escolha pontual ou um erro cometido em algum instante de desatenção. Antes, somos o que fazemos com frequência, o que repetimos, o que nutrimos no coração. Somos aquilo que se torna hábito — seja no acerto, seja na falha.

Não se pode chamar alguém de pacífico porque uma vez evitou um conflito, assim como não se deve chamar outro de corrupto por um único deslize. A verdade sobre quem somos está no padrão: o modo como reagimos, como tratamos as pessoas, como enfrentamos a vida. E isso se constrói tanto por dentro quanto por fora — no que sabemos de nós e no que revelamos aos outros. A identidade verdadeira, então, é um espelho — mas nem sempre temos coragem de olhar para ele.

Há quem não consiga se enxergar. Gente que vive em ciclos de caos, em repetição de erros, em destruição de vínculos, mas insiste que o problema está sempre nos outros. São pessoas que não escutam, não se examinam, não se percebem. O mundo inteiro parece estar em falha, menos elas. E assim seguem, firmes em sua própria cegueira, acumulando ruínas por onde passam.

O evangelho é, entre tantas coisas, um chamado à lucidez. "Examine-se a si mesmo", ensinou Paulo, referindo-se à Ceia (1Co 11.28). No entanto, muitas vezes mudamos o foco da instrução do apóstolo e nos tornamos especialistas em examinar os outros. Como se coubesse a nós decidir quem é digno da mesa da graça. Mas ninguém ali está porque merece. A Ceia é o lugar dos que não merecem. É hospital, não prêmio.

De fato, olhar para si dói. Implica reconhecer falhas, admitir fraquezas, desmontar autoimagens idealizadas. Por isso projetamos tanto nos outros. É mais fácil julgar do que confrontar a si mesmo, mais confortável apontar falhas alheias do que descer aos porões da própria alma. Mas só há caminho de transformação quando temos a coragem de nos encarar.

E então, diante de tudo isso, emerge um tipo especial de coragem: a coragem da inadequação. Ser inadequado é, muitas vezes, consequência de ser verdadeiro. É o que acontece quando alguém escolhe permanecer fiel à própria consciência mesmo que isso o coloque em descompasso com o sistema ao redor.

Jesus nunca prometeu facilidades. A quem o seguisse, não ofereceu conforto, mas cruz. Disse que o Filho do Homem não tinha onde reclinar a cabeça. Que seguir a ele seria negar-se a si mesmo. Que a alegria do Reino não seria compatível com os moldes da glória do mundo. A proposta do evangelho é um convite ao sacrifício, não ao sucesso.

Paulo sabia disso. A vida dele não se encaixava no ideal de vitória que vendemos hoje. Ele foi preso, apedrejado, traído, abandonado. Mas seguiu. Seguiu porque havia entendido que o valor da fé não estava nos aplausos, mas na fidelidade. Que o caminho de Jesus não é o da autopromoção, mas o da entrega. Ser inadequado, à luz do evangelho, é ser escandalosamente fiel. É parecer estranho num mundo que chama de vitória o que Cristo chamou de perdição. É caminhar na contramão da lógica dominante, ainda que isso nos custe. É nesse sentido que se aplica a exortação paulina de não se adequar ao sistema deste mundo, mas, em vez disso, transformar a própria consciência a fim de vivenciar a boa, perfeita e agradável vontade de Deus (Rm 12.2).

É comum tratarmos a não conformidade como um tipo de separatismo acético, em que não nos misturamos com o que é tido como mundano, com o que é expressão da cultura.

Quando me converti, fui instruído a deixar de ouvir as canções de que gostava, a deixar de me vestir de forma diferente ou mesmo a não ir aos lugares que costumava frequentar. Tais instruções eram confirmadas com a indiscutível frase: "Não devemos nos conformar com o mundo". Sim, dependendo da história pregressa de cada um, evitar certos espaços que nos põem em risco é sensato. No entanto, "mundo" não se refere exatamente a isso. Tem a ver com sistema de funcionamento, maneira de interpretar e fórmulas de ação que expressam princípios contrários ao evangelho. Por exemplo, em um ambiente no qual o lucro faz com que as pessoas vivam em disputa, preservar a simplicidade e a cooperação torna-nos objetos indesejados e estranhos.

A inadequação causada pela escolha consciente cobra um preço. Ao longo da história, sempre chamaram de loucos aqueles que se recusavam a seguir o fluxo. A loucura, muitas vezes, foi o rótulo aplicado aos que não se ajustavam às normas. E o evangelho, segundo Paulo, é mesmo "loucura para os que perecem" (1Co 1.18). É irracional aos olhos de um sistema fundado na meritocracia, na hierarquia, na força.

No tempo do Império Romano, havia uma ordem social rígida, com valores bem definidos: o poder, o prestígio, o status, a honra. Jesus veio bagunçar isso tudo. Propôs amar o inimigo, perdoar sem medida, repartir o que se tem, honrar os pequenos. E isso soa loucura. Porque era, de fato, uma revolução.

Daí também por que os profetas foram chamados de insanos. Jeremias, por exemplo, enfrentou o escárnio do povo por causa da sua mensagem. Ele alertava, clamava, denunciava, e ninguém o ouvia. Pior: zombavam dele. E, mesmo assim, ele permaneceu. Sofreu, chorou, lamentou. Mas não se calou. Seu lamento é a oração de quem está cansado de resistir, mas sabe que não pode desistir.

Em Jeremias 17, o profeta clama por cura e salvação. Está ferido, mas firme. Perseguido, mas resoluto. Sabe que não pode mudar o que sente, mas também sabe que não deve negar aquilo em que crê. Sua alma está em guerra — entre o cansaço de ser fiel e a impossibilidade de trair sua vocação. É essa a tensão de quem escolhe a inadequação: o sofrimento de não pertencer ao sistema e a paz de saber que permanece inteiro diante de Deus.

Ser profeta não é bradar sentenças apocalípticas em redes sociais. É pagar o preço por não se curvar.

Ser profeta não é bradar sentenças apocalípticas em redes sociais. É pagar o preço por não se curvar. É ser silenciado, excluído, esquecido. E ainda assim permanecer com o coração queimando pela verdade. Hoje se fala muito em "igreja profética", mas talvez tenhamos perdido o verdadeiro significado disso. Porque profetismo, no evangelho, tem mais a ver com fidelidade silenciosa do que com discursos estrondosos. Tem mais a ver com cruz do que com púlpito.

Na Bíblia o profeta será sempre um inadequado. Primeiro, porque não está satisfeito com a realidade imposta. Isso provocará sua imaginação, como argumenta Walter Brueggemann.[1] Uma consciência alternativa que contempla outro mundo possível, onde a justiça de Deus tem lugar privilegiado, onde os seres humanos não são tratados como objetos descartáveis, onde ovelhas pastam ao lado de leões. Brueggemann trata a profecia como uma proposta de imaginação alternativa da realidade, que confronta diretamente "os mundos estabelecidos e inquestionáveis". É próprio da palavra profética contrariar os sistemas propondo um mundo novo.

꒰ ꒱ ꒱

O mundo nos treina para buscarmos vantagens. Até as relações se tornam meios para alcançar fins. Quando a igreja vira espaço de networking, quando a comunhão é medida pelo que se pode ganhar, perdemos o essencial. O evangelho nos convida a outro modo de existir — onde as pessoas são fins em si mesmas, e não instrumentos de utilidade.

Nossas ações, nossas escolhas, nossas aproximações devem ser motivadas por amor, não por cálculo. Aproximar-se de alguém por interesse é trair o espírito do evangelho. Amar é doar-se sem garantias. É repartir sem expectativa de retorno. É escolher o bem do outro mesmo que isso signifique renúncia de si.

"Poema de sete faces" está entre as criações mais conhecidas do poeta mineiro Carlos Drummond de Andrade. Uma pérola da literatura brasileira. Nele, Drummond expressa sua perplexidade diante do mundo e sua angústia por não se sentir adequado a ele. Na primeira estrofe, lemos:

---

[1] Veja Walter Brueggemann, *A imaginação profética* (Rio de Janeiro: Thomas Nelson Brasil, 2025).

> Quando nasci, um anjo torto
> desses que vivem na sombra
> disse: Vai, Carlos! ser gauche na vida.

Gauche é uma expressão francesa que significa "esquisito" ou "desajustado". Implica estar às margens das leis, normas e convenções estabelecidas. Trata-se de um sujeito predestinado a ser inadequado, pois um "anjo torto" vaticina seu destino. O poeta olha para si e para as formas estabelecidas em seu tempo, e encontra inegáveis descontinuidades e desconexões. Como se o mundo não lhe coubesse. A poesia me traz à mente os homens de quem o mundo não era digno, listados em Hebreus 11.

Essa nova visão de mundo que o evangelho propõe não é neutra. É um par de lentes que modifica tudo o que vemos: a vida, o outro, a fé, o trabalho, o poder. Quando vemos com os olhos do Reino, o sucesso muda de forma, o fracasso ganha novos significados, o sacrifício deixa de ser derrota.

Foi isso que aconteceu com Jó. Seu sofrimento não era punição. Era desconstrução. Até seus amigos — representantes da teologia convencional — erraram ao julgá-lo. Jó teve que aprender que Deus não cabe em nossas fórmulas. Em quando Deus se revelou, tudo mudou. Não externamente, pois os sofrimentos não desapareceram de imediato, mas internamente, pois sua visão foi transformada.

O mesmo precisa acontecer conosco. Se o nosso entendimento de evangelho nos torna iguais ao sistema, algo está errado. Se frequentamos templos, cantamos louvores, participamos de cultos, mas continuamos alimentando os mesmos interesses egoístas, os mesmos desejos de domínio, os mesmos impulsos de julgamento, então não fomos tocados pela cruz.

A fé que transforma é aquela que altera nossa visão de mundo. Que subverte nossa lógica. Que nos faz parecer inadequados aos olhos da cultura dominante. E isso é bom. Porque foi assim que Jesus viveu. E é para isso que fomos chamados.

A coragem para ser inadequação é a coragem para viver como quem já pertence a outro Reino. É ousar amar onde reina o ódio. É perdoar onde impera a vingança. É silenciar onde todos gritam. É dar quando todos tomam. É abaixar-se quando todos querem subir.

Esse é o caminho da cruz. Não de glória rápida, mas de fidelidade duradoura. Não de conforto, mas de sentido. A cruz não é uma derrota. É o sinal de que, mesmo perdendo aos olhos do mundo, escolhemos vencer do jeito de Deus. Que Deus nos conceda essa coragem. A coragem de não nos adequarmos. A coragem de sermos fiéis. A coragem de sermos como Jesus — inadequados para o sistema, mas plenamente ajustados ao Reino.

12

coragem

para ser amizade

"Eu os amei como o Pai me amou. Permaneçam no meu amor. Quando vocês obedecem a meus mandamentos, permanecem no meu amor, assim como eu obedeço aos mandamentos de meu Pai e permaneço no amor dele. Eu lhes disse estas coisas para que fiquem repletos da minha alegria. Sim, sua alegria transbordará! Este é meu mandamento: Amem uns aos outros como eu amo vocês. Não existe amor maior do que dar a vida por seus amigos. Vocês serão meus amigos se fizerem o que eu ordeno. Já não os chamo de escravos, pois o senhor não faz confidências a seus escravos. Agora vocês são meus amigos, pois eu lhes disse tudo que o Pai me disse. Vocês não me escolheram; eu os escolhi. Eu os chamei para irem e produzirem frutos duradouros, para que o Pai lhes dê tudo que pedirem em meu nome. Este é meu mandamento: Amem uns aos outros."

João 15.9-17

Falar sobre amizade, no contexto da fé cristã, é mais do que tratar de afinidades e convivências. É tocar num tema essencial, profundo e, nos tempos atuais, até mesmo revolucionário. Somos aqui convidados a olhar para a coragem de ser amizade — de construir laços verdadeiros em meio a um mundo cada vez mais superficial e fragmentado.

O evangelho não é um convite à vida fácil ou romântica. Ao contrário, ele nos chama a escolhas difíceis, a decisões que nem sempre trazem vantagens visíveis, mas que, no final, revelam um caminho mais profundo e verdadeiro. A fé cristã não existe para satisfazer vontades pessoais, mas para nos moldar à imagem de Cristo — e isso inclui a forma como nos relacionamos com o outro.

A vida nos oferece sonhos e projetos. Muitas vezes, porém, esses sonhos são pequenos porque nascem da limitação de nossas próprias perspectivas. O evangelho nos surpreende porque amplia nosso horizonte. Ele nos leva a vivenciar realidades que jamais imaginaríamos, entre elas, a de partilharmos sonhos e projetos com verdadeiras amizades.

O filósofo dinamarquês Søren Kierkegaard dizia que a fé é um salto. É um lançar-se sem garantias, um caminhar sem saber tudo o que virá. E isso também se aplica às relações humanas. A amizade verdadeira exige coragem. Requer confiança. Não há amizade sem vulnerabilidade. Sem risco. Sem entrega.

Jesus não prometeu facilidades — ele prometeu a cruz. Mas, ao mesmo tempo, disse algo extraordinário: "Já não os chamo de escravos, mas de amigos". Em um mundo dominado pelo individualismo, onde as relações se tornaram descartáveis e utilitárias, recuperar o sentido sagrado da amizade é um ato de fé e resistência.

🕊 🕊 🕊

O livro de Provérbios carrega sabedoria ancestral. Trata-se de um conjunto de ensinamentos forjados na vida comum, pela observação e pela experiência. Nossa fé, embora fale do céu, é para ser vivida aqui, no chão da existência. E é nesse chão que as amizades são testadas e construídas. Assim, Provérbios 18.24 afirma: "Quem tem muitos amigos pode cair em desgraça; mas há amigo mais chegado que um irmão" (NAA).

Trata-se das duas faces da realidade relacional: a ilusão das multidões e o tesouro da profundidade. Num tempo em que acumulamos "amigos" nas redes sociais, esse versículo soa como um alerta. Podemos estar cercados por centenas de pessoas e, ainda assim, viver a mais profunda solidão. Amizade verdadeira não se mede por quantidade, mas por qualidade. Relações rasas nos deixam desamparados. Relações profundas nos sustentam.

Amizade verdadeira não se mede por quantidade, mas por qualidade.

Em uma crônica intitulada "Ah, os amigos", Rachel de Queiroz aborda a beleza da amizade e a sacralidade dessa relação. Segundo ela, trata-se de algo tão humano que seria um absurdo desumanizador alguém dizer não ter amigos. Além disso, segue o mesmo raciocínio experiencial de Provérbios ao afirmar: "A primeira lei da boa amizade creio que é ter poucos amigos. Muitos camaradas, colegas, conhecidos cordiais, mas amigos, poucos. E, tendo poucos, poder e saber tratá-los".[1]

Às vezes, até mesmo dentro das igrejas, nos acostumamos com relacionamentos superficiais. Chamamo-nos de irmãos e irmãs, mas na prática não chegamos nem perto da profundidade da irmandade. E, por criarmos uma cultura do desempenho espiritual, em que todos devem parecer santos, perfeitos, inabaláveis, o medo do julgamento nos afasta da possibilidade de sermos mais nós mesmos em relacionamentos seguros de amizade.

Todos erramos. Todos pecamos. Todos temos zonas de sombra. E, se não encontrarmos um espaço de acolhimento verdadeiro, continuaremos atuando em um teatro religioso que esconde nossas dores e impede a cura. A amizade é esse espaço seguro onde podemos ser quem somos. Onde não precisamos disfarçar. Onde encontramos liberdade para crescer. É nesse tipo de relação que a fé se torna tangível, visível, encarnada.

Quando encontramos alguém com quem podemos compartilhar a vida com sinceridade, encontramos algo raro e precioso. A amizade é lugar de refúgio e auxílio. Viver é um desafio que, partilhado, se torna mais fácil, como nos lembra Eclesiastes 4.9-12:

> É melhor serem dois que um, pois um ajuda o outro a alcançar o sucesso. Se um cair, o outro o ajuda a levantar-se. Mas quem cai sem ter quem o ajude está em sérios apuros. Da mesma forma, duas pessoas que se deitam juntas aquecem uma à outra. Mas como fazer para se aquecer sozinho? Sozinha, a pessoa corre o risco de ser atacada e vencida, mas duas pessoas juntas podem se defender melhor. Se houver três, melhor ainda, pois uma corda trançada com três fios não arrebenta facilmente.

---

[1] Rachel de Queiroz, "Ah, os amigos", *Estado de S. Paulo*, 21 de setembro de 1996, disponível em: <https://cronicabrasileira.org.br/cronicas/8337/ah-os-amigos>.

꾻 ꞈ ꞉

Ser amigo é um chamado. Uma escolha. A pergunta não é apenas se temos, mas se também somos. Nossa maneira de viver — nossos hábitos, palavras, prioridades — nos torna dignos da confiança de alguém? Gastamos nossa vida com tantos objetivos, corremos atrás de tantas metas, mas muitas vezes esquecemos o essencial: construir vínculos significativos. E isso exige tempo, paciência, sensibilidade, cuidado.

A coragem para ser amizade é, antes de tudo, a coragem para abrir-se. Para confiar. Para caminhar com o outro mesmo com medo. É crer que vale a pena construir laços verdadeiros, mesmo que às vezes doa. Ninguém sobrevive sozinho. Precisamos uns dos outros. Precisamos de amigos que nos amem o suficiente para nos confrontar. Que permaneçam quando todos forem embora. Que invistam em nós mesmo quando não temos muito a oferecer. E precisamos ser esse tipo de amigo também.

Uma das marcas de uma amizade verdadeira é a coragem de corrigir. Um amigo de verdade não apenas nos elogia — ele também nos confronta, quando necessário. Ele não nos deixa seguir por um caminho de autodestruição sem ao menos tentar nos alertar.

Na igreja, deveríamos cultivar esse tipo de relação: exortação em amor. Porque "as feridas feitas por um amigo sincero são melhores que os beijos de um inimigo" (Pv 27.6). Mas, muitas vezes, não somos temperados em nossas exortações ou, por outro lado, interpretamos crítica como rejeição ou desqualificação. O sábio ouve a correção e aprende. O tolo se ofende e transforma o conselheiro em inimigo. A arrogância nos impede de ver nossos próprios erros. E é justamente por amor que um amigo nos diz: "Isso que você está fazendo é um erro". De igual modo, às vezes, não ouvimos a voz de Deus porque nos cercamos apenas de bajuladores. Gente que não nos ama o suficiente para dizer a verdade.

Quem ama, exorta. Quem ama, arrisca-se a perder a simpatia do outro para salvá-lo de si mesmo. Amizade verdadeira também é suporte. Suportar, nesse contexto, tem dois sentidos: tolerar e sustentar. O amigo é aquele que está presente no dia mau.

Há pessoas que se afastam de nós no primeiro sinal de imperfeição. Que desaparecem quando mostramos algo de nossa dor. Mas o amigo verdadeiro continua. Ele nos conhece e, por isso, mesmo quando não conseguimos acreditar em nós mesmos, ele acredita. Porque sabe quem somos em essência. A amizade nos permite ser humanos. Ser falhos. Ser reais. Ter alguém com quem não precisamos fingir é uma das maiores dádivas da vida.

Amizade também é investimento. Um relacionamento não se aprofunda da noite para o dia. É como diz o ditado: só se conhece alguém depois de comer um quilo de sal junto. Amizade exige história. Memória compartilhada. Confiança construída. Provérbios 17.17 diz: "O amigo é sempre leal, e um irmão nasce na hora da dificuldade". E Provérbios 13.20 completa: "Quem anda com os sábios se torna sábio, mas quem anda com os tolos sofrerá as consequências".

A pergunta que se impõe é: com quem temos andado? Que tipo de gente tem formado nosso caráter? Estamos cercados por pessoas que nos desafiam a crescer ou por pessoas que nos arrastam para relações superficiais? Relacionamentos moldam quem somos, e escolher bem com quem partilhamos a vida é um ato de sabedoria.

Portanto, se há um lugar onde deveríamos construir amizades verdadeiras, esse lugar é a igreja. Um espaço marcado pelo perdão, pela misericórdia, pelo cuidado. Onde somos chamados a servir uns aos outros, a carregar as cargas uns dos outros, a chorar e a nos alegrar juntos.

Infelizmente, nem sempre é assim. Há igrejas marcadas por fofoca, divisão, competição. Mas esse não é o modelo de Cristo. Ele nos chamou de amigos e quer que sejamos amigos uns dos outros. Que criemos uma comunidade em que a graça é mais forte que o julgamento, em que a presença é mais importante que a performance. Não é utopia sonhar com uma igreja assim. É o ideal pelo qual devemos lutar. Que nossas comunidades se tornem cada vez mais espaços onde as amizades floresçam. Onde haja mais ombros que julgamentos. Mais abraços que apontamentos.

    E que o Espírito Santo nos ajude a construir amizades profundas. Que nos dê olhos para enxergar os tesouros que estão ao nosso lado. Que nos conceda a graça de termos — e de sermos — amigos mais chegados que irmãos. Porque, na caminhada da fé, ter com quem dividir o fardo torna tudo mais leve. E torna a vida muito mais rica.

13

**coragem
para ser**

comunidade

Todos se dedicavam de coração ao ensino dos apóstolos, à comunhão, ao partir do pão e à oração.

Havia em todos eles um profundo temor, e os apóstolos realizavam muitos sinais e maravilhas. Os que criam se reuniam num só lugar e compartilhavam tudo que possuíam. Vendiam propriedades e bens e repartiam o dinheiro com os necessitados, adoravam juntos no templo diariamente, reuniam-se nos lares para comer e partiam o pão com grande alegria e generosidade, sempre louvando a Deus e desfrutando a simpatia de todo o povo. E, a cada dia, o Senhor lhes acrescentava aqueles que iam sendo salvos.

Atos 2.42-47

A fé cristã é, desde sua origem, uma convocação à vida comunitária. É um chamado a romper com o individualismo e a abraçar um modo de ser que só encontra sentido na relação com o outro. A vivência do evangelho nunca foi uma experiência solitária; desde os primeiros passos de Jesus entre seus discípulos até a formação da igreja nascente, a caminhada sempre foi feita em conjunto. E é exatamente nesse espírito que somos desafiados a ter coragem — a coragem para ser comunidade.

O sábio instrui que até nossas conquistas perdem o sentido se não forem conquistadas em comunidade, com quem partilhar:

> Observei outra coisa que não faz sentido debaixo do sol. É o caso do homem que vive completamente sozinho, sem filho nem irmão, mas que ainda assim se esforça para obter toda riqueza que puder. A certa altura, porém, ele se pergunta: 'Para quem trabalho? Por que deixo de aproveitar tantos prazeres?'. Nada faz sentido, e é tudo angustiante.
>
> Eclesiastes 4.7-8

No mundo em que vivemos, marcado por disputas, isolamento e projetos de vida centrados no eu, ser comunidade é quase um ato de resistência. As estruturas sociais promovem o sucesso individual, a ascensão pessoal, o desempenho meritocrático. Os discursos incentivam a superação do outro, a competição velada e a construção de uma imagem irrepreensível. Nesse cenário, o evangelho aparece como uma proposta alternativa, profundamente contracultural. Ele não apenas nos convida a crer, mas a viver juntos, a formar corpo, a experimentar a fé de maneira coletiva.

É verdade que muitos têm se decepcionado com a vivência comunitária. A igreja, para alguns, tornou-se espaço de dor, de repressão, de julgamento. Há os que carregam marcas profundas causadas por lideranças abusivas, por exclusões injustas, por ambientes religiosos doentios. Mas o fato de haver versões distorcidas da comunidade cristã não invalida a beleza do projeto original. Ao contrário, nos instiga a resgatar sua essência.

Hebreus 10.24-25 explica que a comunidade é lugar onde nos motivamos uns aos outros através da preservação do amor e da prática das boas obras. Por isso, "não deixemos de nos reunir, como fazem alguns, mas encorajemo-nos mutuamente, sobretudo agora que o dia está próximo". O texto não fala em obrigatoriedade de presença em eventos ou ativismo eclesiástico, mas em preservação da vivacidade do pertencimento comunitário. É, na verdade, viver a fé no encontro. Na experiência da superação do "eu" — minha vida, minha fé, meu propósito, minhas conquistas, minha experiência de Deus — passando para o "nós" — nossa vida, nossa fé, nossas conquistas, nossos propósitos, nossas conquistas, nossa experiência de Deus.

Na comunidade, somos curados, aprendemos uns com os outros e experimentamos a força da comunhão. Em diferentes momentos de meu ministério, tornou-se evidente como a vida comunitária pode transformar trajetórias marcadas pela dor e pelo silenciamento. Certa vez, uma pessoa buscou apoio pastoral enquanto enfrentava um relacionamento abusivo, no qual, embora não houvesse agressões físicas, havia desrespeito, ameaças e uma constante opressão emocional. Seu parceiro, dominado por inseguranças e passividade, impunha-lhe um ambiente de mediocridade e limitação.

Passado algum tempo, essa pessoa retornou para compartilhar sua evolução. O contraste era notável: mais confiante, com semblante renovado, sinalizando conquistas significativas. Atividades cotidianas para quem vive em liberdade tornaram-se para ela verdadeiros marcos de superação. Sem a pressão opressora, pôde se envolver ativamente na vida da comunidade, encontrando novas formas de expressão e pertencimento.

Durante esse relato, uma frase ficou gravada na memória: "A igreja me devolveu a voz. Eu havia esquecido como era falar e me expressar". Não se trata de romantizar os desafios que existem na vida comunitária, mas é inegável que a comunhão proporcionou a essa pessoa a redescoberta de sua dignidade e o resgate do direito natural à fala. A vida em comunidade foi instrumento de libertação.

A proposta do evangelho não é fundar uma instituição poderosa ou criar um sistema ritualístico com sofisticação. Jesus não veio construir templos ou erguer estruturas hierárquicas. Seu caminho foi o da convivência, do partir do pão, do lavar os pés, do sentar-se à mesa com pecadores e marginalizados. A comunidade que nasce da experiência com Cristo não se organiza em torno de status ou controle, mas em torno do amor, do serviço e da partilha.

Quando lemos Atos 2, especialmente os versículos de 42 a 47, encontramos o retrato de uma comunidade viva, dinâmica e sensível. Ali, os discípulos perseveravam no ensino dos apóstolos, na comunhão, no partir do pão e nas orações. Tudo era feito com singeleza de coração. Havia temor, alegria, partilha e cuidado mútuo. Era uma comunidade que atraía pessoas não por estratégias de marketing ou promessas milagrosas, mas pela autenticidade da vida vivida em conjunto.

Esse retrato nos interpela. Ele nos chama a pensar que tipo de igreja estamos construindo e que tipo de pessoa estamos nos tornando dentro dela. Não basta grandes ajuntamentos ou estruturas impressionantes. O que define uma comunidade cristã não é seu tamanho, mas sua qualidade relacional. É o tipo de gente que somos dentro dessa lógica do evangelho: gente que chora com quem chora, que reparte o que tem, que acolhe o diferente, que ouve antes de julgar.

Ser comunidade é, prioritariamente, desenvolver uma sensibilidade radical. É deixar-se afetar pela dor do outro. É compreender que o sofrimento alheio, ainda que distante de nossa realidade, deve nos mobilizar. Isso exige escuta, humildade e disposição para desconstruir certezas. Afinal, há dores que nunca experimentamos, mas que precisamos aprender a reconhecer. E só aprenderemos isso se estivermos juntos, se formos comunidade.

A comunidade cristã é um lugar de aprendizado mútuo. Nela descobrimos o outro e, no processo, descobrimos a nós mesmos.

A comunidade cristã é um lugar de aprendizado mútuo. Nela descobrimos o outro e, no processo, descobrimos a nós mesmos. Aprendemos que algumas de nossas convicções foram formadas em contextos privilegiados, insensíveis ou até mesmo opressores. Percebemos que certas expressões, antes consideradas banais, podem carregar peso e dor. E nos vemos diante da necessidade de rever nossa linguagem, nossas práticas, nossos silêncios.

Essa aprendizagem, no entanto, só é possível quando assumimos a postura de discípulos — aqueles que se dispõem a ouvir, a mudar, a crescer. E isso é desafiador, pois o tempo e o hábito tendem a nos tornar rígidos. Vamos naturalizando posturas, repetindo padrões, reproduzindo comportamentos herdados sem reflexão. Por isso, a comunidade precisa ser também espaço de confronto amoroso, de denúncia profética, de exortação mútua.

O evangelho vivido comunitariamente nos chama à empatia concreta. Se alguém não tem o que comer, partilho meu pão. Se alguém está só, me aproximo. Se alguém pensa diferente, escuto antes de rebater. A lógica do Reino não é a da imposição, mas a da conversão relacional. Ser comunidade é aprender que o outro, por mais distinto que seja, também é portador da imagem de Deus — e, portanto, merece ser ouvido, acolhido, respeitado.

🕊 🕊 🕊

Não é possível viver o cristianismo à parte da comunidade. Nossa espiritualidade não é individualista. Mesmo as experiências mais íntimas com Deus — aquelas que acontecem no secreto do quarto ou no silêncio do coração — têm sua plenitude quando compartilhadas, quando transformadas em serviço, quando frutificam em relações restauradas.

Até o conceito de salvação, quando bem compreendido, é coletivo. O Novo Testamento aponta para uma redenção cósmica, para um novo céu e uma nova terra, para uma criação que aguarda com gemidos a manifestação dos filhos de Deus. A salvação não é apenas o resgate de uma alma isolada, mas a reconstrução de uma realidade inteira, de um mundo reconciliado. E essa obra começa agora, na vivência comunitária do evangelho.

Por isso, precisamos urgentemente resgatar a coragem de ser comunidade. Coragem para desconstruir estruturas que produzem exclusão. Coragem para ouvir o outro com honestidade. Coragem para admitir nossos erros, nossos preconceitos, nossas limitações.

Coragem para amar quem pensa diferente, para abrir espaço ao desconhecido, para caminhar junto mesmo quando há desacordos.

A igreja que vive essa coragem torna-se sinal do Reino. Ela não precisa gritar para ser ouvida. Não precisa atacar para se afirmar. Sua força está na leveza com que acolhe, na fidelidade com que ama, na beleza com que serve. Essa igreja cai na graça do povo — não por estratégia, mas por autenticidade.

Esse é o tipo de igreja que desejamos construir. Um espaço onde a espiritualidade seja profunda e afetiva. Onde a ortodoxia caminhe de mãos dadas com a misericórdia. Onde a verdade seja proclamada com amor e a justiça, praticada com humildade. Onde o evangelho não seja um discurso, mas uma vida partilhada.

É possível que você, leitor, tenha sido ferido por comunidades que não viveram essa verdade. Se esse for o caso, lamento profundamente. Mas, ainda assim, insisto: vale a pena acreditar na comunidade. Vale a pena tentar de novo. Vale a pena reconstruir.

Porque é na comunidade que somos curados. É nela que o Espírito age, que o perdão acontece, que a reconciliação se concretiza. É nela que descobrimos que não estamos sozinhos, que pertencemos, que fazemos parte de algo maior. A coragem para ser comunidade é, no fundo, a coragem para viver o evangelho em sua forma mais concreta e transformadora. Que Deus nos dê essa coragem. E que, ao viver dessa maneira, sejamos sinais vivos do Reino que já chegou e ainda está por vir.

14

coragem

para ser

simplicidade

Então Jesus deixou a Galileia e se dirigiu para o norte, para a região de Tiro. Não queria que ninguém soubesse onde ele estava hospedado, mas não foi possível manter segredo. De imediato, uma mulher que tinha ouvido falar dele veio e caiu a seus pés. A filha dela estava possuída por um espírito impuro, e ela implorou que ele expulsasse o demônio que estava na menina.

Sendo ela grega, nascida na região da Fenícia, na Síria, Jesus lhe disse: "Primeiro devem-se alimentar os filhos. Não é certo tirar comida das crianças e jogá-la aos cachorros".

"Senhor, é verdade", disse a mulher. "No entanto, até os cachorros, debaixo da mesa, comem as migalhas dos pratos dos filhos."

"Boa resposta!", disse Jesus. "Vá para casa, pois o demônio já deixou sua filha." E, quando ela chegou à sua casa, sua filha estava deitada na cama, e o demônio a havia deixado.

Marcos 7.24-30

Vivemos num tempo que cultiva excessos. O filósofo sul-coreano radicado na Alemanha Byung-Chul Han, em seu influente *Sociedade do cansaço*, popularizou a expressão "era do excesso": excesso de desempenho, excesso de exposição, excesso de informação, excesso de comunicação.[1]

O consumo desenfreado, sustentado por uma lógica de acúmulo, tem nos conduzido a um estado de desequilíbrio existencial, espiritual e ambiental. Desde o século passado já se alertava que precisaríamos de mais de um planeta Terra para sustentar nosso estilo de vida. Desconectados do propósito original da criação, abusamos dos recursos naturais como se fossem inesgotáveis. A responsabilidade dada por Deus de cuidarmos da Terra tem sido negligenciada. É urgente redescobrir o caminho do equilíbrio e da simplicidade — não como um gesto de renúncia ao saber ou à dignidade, mas como uma coragem radical de ser, a partir da lógica do evangelho.

Simplicidade, nesse contexto, não se confunde com simplismo ou ignorância. Ser simples não significa ausência de formação ou de profundidade intelectual. Ao contrário, a simplicidade pode emergir de lugares despretensiosos, revelando saberes autênticos e valiosos. Pessoas sem títulos acadêmicos, mas com uma percepção apurada

---

[1] Veja Byung-Chul Han, *Sociedade do cansaço* (Petrópolis, RJ: Vozes, 2017).

da vida, do mundo e das relações, nos ensinam muito mais do que imaginamos. Ser simples é ser sábio no trato com a vida, é ter um coração ensinável, é não se apegar a valores que nos desumanizam.

A cultura contemporânea impõe uma estética da ostentação. As redes sociais tornaram-se vitrines nas quais projetamos versões idealizadas de nós mesmos. Mesmo sem possuir, sentimos a necessidade de mostrar que temos. Essa lógica cruel adoece nossos afetos e sabota nossa espiritualidade. No ambiente religioso, essa ostentação também se manifesta. Eventos grandiosos, lideranças performáticas, igrejas que medem sua relevância pelo número de seguidores e recursos acumulados — tudo isso reflete uma espiritualidade colonizada pela lógica do mercado.

Essa realidade não é nova. No Novo Testamento, o apóstolo Paulo já combatia estruturas de poder que se infiltravam na comunidade cristã. A Ceia do Senhor, por exemplo, havia se tornado um espaço de reprodução das hierarquias romanas: os mais ricos comiam primeiro, os pobres ficavam à margem. Paulo denuncia essa incoerência, como que dizendo: "Vocês não entenderam? A Ceia rompe com essas divisões, com esse espírito de distinção". O evangelho subverte as estruturas. Ele reúne ao redor da mesma mesa o aristocrata e o escravo, o *pater familias* e o invisível. Todos partilham o pão e o vinho como irmãos.

A lógica do evangelho confronta a lógica da sociedade de prestígio. Num mundo onde buscamos constantemente ser vistos com pessoas influentes, onde selecionamos nossas companhias por conveniência ou imagem, Jesus se apresenta como aquele que se associa aos pequenos, aos sem nome, aos que não têm peixe nem pão. Ele caminha com os desprezados e nos ensina a fazer o mesmo. A espiritualidade cristã genuína não se mede por quantidade de seguidores ou por influência social, mas pela disposição de andar com os esquecidos, de repartir o que se tem com generosidade, de se associar aos fracos e humildes.

No dia em que escrevo este capítulo, o mundo é surpreendido pela notícia do falecimento, aos 88 anos, do Papa Francisco. Entre suas ações pouco comuns, o pontífice argentino, quando de sua escolha como bispo de Roma, rejeitou viver no Palácio Papal, optando pela menos pomposa Casa Santa Marta, mesmo local onde morreu. Seu ministério pastoral e sua morte representam a escolha consciente pela simplicidade. A contragosto, somos obrigados a admitir que o Papa expressou melhor a simplicidade cristã do que muitos de nós, pastores, cuja ostentação de carros luxuosos, relógios milionários e roupas impagáveis se tornaram sinal de bons resultados ministeriais. O que, obviamente, não passa de distorção da mensagem cristã.

✈ ✈ ✈

A verdadeira espiritualidade nasce da simplicidade. Ela não depende de eventos espetaculares. Embora experiências carismáticas tenham seu valor, não são elas que definem nosso relacionamento com Deus. O que realmente revela a profundidade da nossa fé é o modo como vivemos no cotidiano: como tratamos as pessoas, como lidamos com os bens, como exercemos nossa profissão, como amamos, servimos e perdoamos. A espiritualidade cristã se manifesta na vida comum, nas escolhas simples, no desprendimento.

Ser simples é reconhecer que nada nos pertence de forma absoluta. Tudo é graça. Conquistas, bens, talentos — tudo deve ser visto com leveza. A pessoa simples pode ter muito, mas não é escrava do que possui. Ela compartilha, reparte, vive com liberdade. E, ao se relacionar com o outro, não calcula o que poderá obter em troca. Aproxima-se pelo valor intrínseco das pessoas, e não por sua utilidade.

O evangelho nos chama a abandonar a lógica utilitarista. Não fomos chamados para nos tornarmos máquinas de produtividade, mas para sermos gente que acolhe, que ama, que vive o evangelho em comunidade. Em minhas experiências pastorais, encontrei sabedoria profunda entre os simples — pessoas que não sabiam conjugar verbos corretamente, mas cujas vidas me ensinaram sobre amor, humildade, generosidade e verdade.

> **Ser simples é reconhecer que nada nos pertence de forma absoluta. Tudo é graça.**

No entanto, a sociedade continua a promover relações pautadas em interesse. Passamos a valorizar pessoas conforme sua capacidade de produzir, de gerar resultados, de fazer crescer a instituição. E, quando já não são úteis, são descartadas. Essa lógica é perversa. O evangelho nos convida a romper com ela e a valorizar o necessário e o essencial.

Muitos de nós vivemos angustiados, correndo atrás de metas e conquistas que, no fundo, não são essenciais. Esquecemos o valor do agora, das pequenas alegrias, da presença das pessoas que amamos. Queremos mais do que precisamos e por isso nos tornamos ingratos. A gratidão nasce quando reconhecemos que já temos o necessário. Quando celebramos o pão de hoje, o abraço recebido, a saúde presente. Viver com simplicidade é viver com gratidão.

🕊 🕊 🕊

Essa mudança de perspectiva exige um coração ensinável. A arrogância nos impede de aprender. Já vi grandes teólogos que, mesmo com títulos e reconhecimento internacional, mantinham a humildade de ouvir e aprender com pessoas simples. Um deles foi meu professor Milton Schwantes. Mesmo sendo um dos biblistas mais importantes da história das pesquisas bíblicas no Brasil, homenageado como *Doutor Honoris Causa* pela Universidade de Marburg, Alemanha, o

Dr. Schwantes era solícito com todos os alunos. Por vezes, era pego na cozinha com as responsáveis por prepararem o almoço dos eventos cujo palestrante mais esperado costumava ser ele próprio.

Certa vez, no início de uma das nossas aulas de exegese de Jeremias, o professor Milton, como costumávamos chamá-lo, disse ter ouvido coisas muito interessantes sobre a Bíblia de seu taxista, que o levava ao campus da Universidade Metodista de São Paulo, onde era um celebrado professor de Antigo Testamento. Essa disposição para ouvir, para se deixar ensinar, é a marca de uma espiritualidade profunda.

Jesus também nos dá esse exemplo. Ao ser confrontado por uma mulher estrangeira, reconhece sua sabedoria, muda de direção e amplia seu ministério. Se o próprio Filho de Deus pôde ouvir e se deixar impactar pela fala de uma mulher marginalizada, quem somos nós para não fazer o mesmo?

A coragem para ser simplicidade é, em última análise, a coragem para viver como Jesus. De caminhar com os pés descalços, de ver beleza no cotidiano, de escolher o essencial, de repartir o pão, de ouvir com humildade, de tratar todos com dignidade. É um caminho contra a corrente do mundo, mas profundamente libertador.

Que o Espírito de Deus nos conduza nessa jornada. Que sejamos gente despretensiosa, de alma leve, que valoriza o necessário, que acolhe sem interesse, que aprende com todos. Que a nossa espiritualidade se manifeste não no que ostentamos, mas no que repartimos. Assim, o mundo verá em nós um modo alternativo de ser — mais humano, mais cristão.

15

coragem
para ser

bondade

Irmãos, se alguém for vencido por algum pecado, vocês que são guiados pelo Espírito devem, com mansidão, ajudá-lo a voltar ao caminho certo. E cada um cuide para não ser tentado. Ajudem a levar os fardos uns dos outros e obedeçam, desse modo, à lei de Cristo. Se vocês se consideram importantes demais para ajudar os outros, estão apenas enganando a si mesmos.

Cada um preste muita atenção em seu trabalho, pois então terá a satisfação de havê-lo feito bem e não precisará se comparar com os outros. Porque cada um de nós é responsável pela própria conduta.

Aqueles que recebem o ensino da palavra devem repartir com seus mestres todas as coisas boas.

Não se deixem enganar: ninguém pode zombar de Deus. A pessoa sempre colherá aquilo que semear. Quem vive apenas para satisfazer sua natureza humana colherá dessa natureza ruína e morte. Mas quem vive para agradar o Espírito colherá do Espírito a vida eterna. Portanto, não nos cansemos de fazer o bem. No momento certo, teremos uma colheita de bênçãos, se não desistirmos. Por isso, sempre que tivermos oportunidade, façamos o bem a todos, especialmente aos da família da fé.

Gálatas 6.1-10

A pressa e a competitividade se tornaram virtudes sociais. O valor de uma vida, muitas vezes, é medido pelo que ela produz, acumula ou aparenta. Nessa lógica, sobra pouco espaço para o outro. Para enxergar, ouvir, parar. E é exatamente nesse cenário que a bondade se torna uma contracultura, uma resistência espiritual. Ser bom, hoje, exige coragem. E não qualquer coragem — mas a coragem de interromper o trajeto para auxiliar alguém, de abrir mão do instinto de disputa e de assumir um compromisso com a empatia.

A empatia é uma das virtudes mais exigentes da vida cristã. Ela nos convoca não apenas a ver o outro, mas a sentir com ele. É o que o Novo Testamento chama de compaixão — um termo ligado à palavra grega *pathos*, que remete ao sentir, ao sofrer, ao carregar o fardo do outro. Jesus é descrito como alguém profundamente movido por esse tipo de compaixão. Ele não apenas ajudava, ele se deixava afetar. Era tocado pela dor alheia. E essa sensibilidade o levava a agir, a curar, a libertar, a interromper seus passos em nome de quem ninguém via. Quando Jesus se aproximou da porta da cidade de Naim, ao ver o cortejo fúnebre de uma viúva que havia perdido seu único filho, "sentiu profunda compaixão por ela" e disse: "Não chore!" (Lc 7.13).

Nosso mundo, no entanto, nos ensina o oposto. Aprendemos, desde cedo, que sucesso tem a ver com superação dos outros. Que a vida é uma corrida, uma disputa silenciosa em que vencer é mais importante do que perceber quem ficou para trás. Tornamo-nos especialistas em seguir, mesmo quando o mundo de alguém ao lado está desmoronando. E chamamos isso de foco. O apóstolo Paulo não se enquadraria no modelo de vitorioso que costumamos defender, pois exorta: "Amem-se com amor fraternal e tenham prazer em honrar uns aos outros" (Rm 12.9).

O evangelho nos desestabiliza. Ele nos coloca outra lente. A empatia é essa lente. Ela nos faz parar, olhar, escutar. É uma arte revolucionária, porque exige que neguemos a nós mesmos — não apenas no sentido religioso da abnegação, mas no sentido existencial de sair do próprio umbigo. E isso dói. Requer energia. Porque sentir com o outro é renunciar à proteção do nosso mundo e nos expor à vulnerabilidade de quem sofre.

Se a Igreja vivesse isso com autenticidade, transformaria a sociedade. Se os seguidores de Cristo escolhessem, cotidianamente, a empatia como modo de vida, o mundo ao nosso redor seria menos duro. Seríamos mais cuidadosos nas palavras, mais atentos nos gestos, mais responsáveis no impacto que causamos. Bondade é isso: responsabilidade afetiva com o outro. É medir a ação antes de agir. É escolher abençoar quando seria mais fácil passar indiferente.

E o evangelho vai além. Ele nos chama a perseverar na bondade. Em Gálatas 6.9, Paulo escreve algo profundamente humano: "Não nos cansemos de fazer o bem". Porque cansa. Fazer o bem cansa. Exige energia, disposição, e muitas vezes não se recebe retorno imediato. Às vezes, a gratidão que esperamos não vem. Às vezes, a resposta do outro é ingratidão, silêncio, desprezo. E isso, se não cuidarmos, nos endurece.

Mas Paulo insiste: "No momento certo, teremos uma colheita". É uma promessa. A bondade semeada nunca é em vão. Pode demorar, pode parecer invisível, mas ela frutifica. O mundo precisa de gente que continue plantando mesmo quando o solo parece ingrato. Gente que não age por aplauso, mas por convicção. Gente que decidiu viver de um modo que reflita o Espírito.

Porque é isso que Paulo desenvolve: quem planta segundo a carne colhe destruição. Mas quem planta segundo o Espírito colhe vida. Os frutos da carne, segundo ele, são atitudes que rompem vínculos: egoísmo, inveja, ambição, rivalidade etc. Já o fruto do Espírito é um só: o amor, que se desdobra em alegria, paz, paciência, bondade, fidelidade, mansidão e domínio próprio.

A bondade é, então, uma manifestação visível da presença do Espírito. Não está nas canções que cantamos nem na frequência com que vamos à igreja. Está no modo como tratamos o porteiro, o colega de trabalho, a pessoa que discorda de nós. Está na postura diante do conflito, na resposta diante da crítica, na forma como lidamos com as imperfeições dos outros.

Ser bom não é ser passivo. Nem ingênuo. É ser firme com ternura. É saber dizer "não" sem ferir. É exortar sem humilhar. É corrigir com afeto. Bondade é a coragem de ser sensível em um mundo bruto. Coração em um mundo sem coração. E essa coragem se aprende. Se cultiva. Ela não nasce do instinto — nasce do Espírito.

☩ ☩ ☩

É claro que nossa natureza nos empurra para o contrário. Basta ver o que nos atrai. Multidões se reúnem para ver lutas, competições, reality shows nos quais vence o mais astuto, o mais agressivo. A violência nos entretém. E, mesmo na religião, às vezes preferimos um Deus que castiga ao Deus que acolhe. Porque a bondade, quando é divina, confronta nossa lógica de troca.

Por isso Paulo lembra: "Não se deixem enganar: ninguém pode zombar de Deus. A pessoa sempre colherá aquilo que semear" (Gl 6.7). Não há truque. Não há manipulação. Podemos enganar os outros, até a nós mesmos, mas diante de Deus a colheita será conforme a semente. E o que estamos semeando? Palavras duras? Desprezo? Indiferença? Ou estamos semeando presença, generosidade, escuta, cuidado?

Bondade é a coragem de ser sensível em um mundo bruto.

A boa-nova é que a semeadura pode começar hoje. Não importa o que fizemos até aqui. O chamado é para retomar o caminho, regar as boas sementes, ser intencional. Isso se dá em gestos pequenos. Um elogio sincero. Um pedido de perdão. Um abraço demorado. Um silêncio respeitoso. Uma palavra a mais quando todos já se calaram.

Bondade é a prática da presença. É estar inteiro nos encontros. E isso não se improvisa — se constrói. Começa por dentro. Porque quem está cheio de amargura não consegue oferecer doçura. Quem vive em guerra consigo não consegue promover paz. Por isso, a bondade precisa ser cultivada no íntimo. Em oração, em silêncio, em escuta da Palavra, em confrontos internos.

E ela transborda numa conversa de corredor. Num gesto no trânsito. Numa escolha profissional. No modo como olhamos para quem a sociedade ignora. Jesus era assim. Bondoso até no confronto. Firme com os religiosos, mas compassivo com os que sofriam. Não usava a verdade como arma, mas como caminho. E esse é o convite: seguir esse caminho.

No fundo, todos nós sabemos o que é a bondade. Já a recebemos de alguém. Já fomos marcados por um gesto inesperado. Já ouvimos uma palavra que nos curou. Já fomos acolhidos quando merecíamos julgamento. E é isso que precisamos devolver ao mundo. Porque o mal se multiplica quando é retribuído, mas a bondade, quando é praticada, cria uma nova possibilidade. Ela não apenas responde — ela redireciona.

Paulo encerra dizendo: "Por isso, sempre que tivermos oportunidade, façamos o bem a todos, especialmente aos da família da fé" (Gl 6.10). É um chamado à prioridade: comece por perto. Comece na sua casa, na sua igreja, entre seus amigos. Se não conseguimos ser bons com quem está ao nosso lado, de que vale a bondade no discurso? A coerência do evangelho passa pelo cotidiano.

E, se você se cansar, descanse. Mas não desista. Se você se decepcionar, respire. Mas não endureça. Porque quem planta com lágrimas, diz o salmista, colherá com alegria (Sl 126.5). A bondade que hoje parece ignorada será lembrada no momento certo. Porque o bem nunca é esquecido por Deus.

Coragem, então. Coragem para ser bondade. Não por fraqueza, mas por força. Não por conveniência, mas por convicção. Que o Espírito nos capacite a viver assim. De maneira leve, firme, amorosa. E que sejamos lembrados não pelo que possuímos, mas pelo bem que deixamos por onde passamos.

16

coragem
para ser

testemunho

Então os que estavam com Jesus lhe perguntaram: "Senhor, será esse o momento em que restaurará o reino a Israel?".

Ele respondeu: "O Pai já determinou o tempo e a ocasião para que isso aconteça, e não cabe a vocês saber. Vocês receberão poder quando o Espírito Santo descer sobre vocês, e serão minhas testemunhas em toda parte: em Jerusalém, em toda a Judeia, em Samaria e nos lugares mais distantes da terra".

Depois de ter dito isso, foi elevado numa nuvem, e os discípulos não conseguiram mais vê-lo. Continuaram a olhar atentamente para o céu, até que dois homens vestidos de branco apareceram de repente no meio deles e disseram: "Homens da Galileia, por que estão aí parados, olhando para o céu? Esse Jesus, que foi elevado do meio de vocês ao céu, voltará do mesmo modo como o viram subir!".

Atos 1.6-11

Estamos encerrando uma jornada, uma caminhada profunda rumo às bases da fé. O objetivo ao longo destes capítulos nunca foi apresentar um conjunto de regras morais nem um modelo de perfeição. O convite foi outro: refletir sobre o que significa ser, de fato, uma pessoa de fé. Não se trata apenas de práticas ou rituais religiosos, mas da formação de uma identidade — do tipo de ser que escolhemos ser no mundo.

Por isso falamos de "ser testemunho". É um jeito de habitar o mundo. E todos nós habitamos o tempo e o espaço com marcas únicas, históricas, culturais. Somos seres históricos. Não vivemos fora da história, tampouco nossos pensamentos ou falas escapam desse fluxo. Toda intolerância nasce da arrogância de imaginar que estamos acima da história, quando, na verdade, somos constituídos nela — com nossos sotaques, nossos gestos, nossas compreensões de mundo.

Essa consciência histórica deveria gerar humildade. Precisamos do outro para entender a nós mesmos, e isso inclui os que discordam de nós. O outro não é ameaça, é revelação. Vivemos em um tempo tomado pelo medo do diferente. O receio de que o desconhecido nos fira e nos paralise. Mas a fé cristã propõe um caminho distinto: criar comunidades nas quais o diferente não é excluído, mas acolhido como parte essencial da construção do Reino.

A história da Igreja mostra o contrário — momentos de perseguição, exclusão, até morte, todos em nome de um Cristo que nunca legitimou tais práticas. Essas atitudes não representam o Jesus de Nazaré. O verdadeiro evangelho é, antes de tudo, um projeto de convivência pacífica e redentora.

Dentro dessa proposta de ser, está o tema do testemunho. Uma palavra que pode soar banalizada, mas que, quando observada nas Escrituras, carrega uma potência transformadora. Testemunho não é argumento. Não é uma performance apologética ou uma resposta agressiva em debates de internet. Testemunho é a maneira como se habita o mundo. Mais do que uma fala, é uma vida que aponta para outra forma de existência.

Lucas—Atos oferece um caminho precioso para compreendermos isso. Diferentemente de outros Evangelhos, a narrativa lucana enfatiza o Espírito como força de transformação. Desde o encontro de Maria com Isabel, passando pelos cânticos proféticos de Zacarias, até a atuação de Jesus, tudo se move a partir da presença do Espírito. Mas o que esse Espírito produz? Misticismo? Poder transcendente? Não. Ele produz aproximação. Quanto mais cheio do Espírito, mais próximo Jesus está dos que sofrem, dos pobres, dos desprezados.

De fato, quando Lucas registra as bem-aventuranças, não suaviza como faz Mateus. Ele diz com todas as letras: "Felizes os pobres" (Lc 6.20) — e utiliza a palavra grega que denota miséria absoluta, sem inserir a expressão "no espírito", como fez Mateus. Isso já indica de que lado o Espírito está.

Em Atos 1, os discípulos, ainda confusos, perguntam se o Reino será restaurado a Israel. A resposta de Jesus os desloca: "Não cabe a vocês saber" — e no entanto "Vocês receberão poder quando o Espírito Santo descer sobre vocês, e serão minhas testemunhas em toda parte". O poder do Espírito não é para dominar, manipular ou acumular influência. É para ser testemunha — no grego, *martys*, a mesma raiz de "mártir". Um poder que nos conduz não à glória, mas ao sacrifício.

Essa é a lógica do Reino: espalhar-se de Jerusalém aos confins da terra por meio de pessoas cuja vida aponta para uma realidade diferente. Em Atos 2, quando o Espírito é derramado, não há guerra santa nem imposição doutrinária. Há escuta. Pessoas de várias nações ouvem, em suas próprias línguas, as maravilhas de Deus. Um Pentecostes que não divide, mas une na diversidade.

Testemunhar, então, é ser presença transformadora. É tornar-se alguém que provoca no outro um olhar diferente. E essa transformação não depende de títulos ou imagens religiosas. Ela se revela em decisões pequenas, cotidianas, muitas vezes silenciosas. Ser alguém que não se corrompe, que trata os outros com respeito, que vive de maneira coerente — isso é testemunhar.

> **Ser alguém que não se corrompe, que trata os outros com respeito, que vive de maneira coerente — isso é testemunhar.**

A estética da fé, por si só, pode se tornar um disfarce. A aparência religiosa não é garantia de santidade. E há quem use a fé como escudo para esconder violências e contradições. Casos públicos e vergonhosos nos mostram isso o tempo todo. Homens que se dizem defensores da fé e vivem mergulhados em escândalos morais. O moralismo excessivo é, muitas vezes, uma cortina para o que há de mais sombrio.

Por isso, proteger a Igreja não é tarefa de retórica ou cruzada religiosa. É tarefa de gente comum que escolhe ser decente. Um pai presente, um profissional honesto, um vizinho gentil. A proteção da igreja se dá por meio da coerência com o evangelho que se prega. Testemunhar é ser íntegro, não apontar o dedo. É transformar a própria vida em um modelo de graciosidade apta a ser percebida.

O testemunho verdadeiro se revela na empatia, na escuta, na capacidade de perdoar quem nos feriu, de amar quem nos odeia, de proteger quem não fez nada por nós. Essa é a revolução do evangelho. Uma presença que transforma, que inspira, que toca.

꩜

Durante anos, aprendi que testemunhar era seguir regras de aparência. Lembro-me de que recebi um conjunto de regras legais quando me converti. Meus discipuladores e denominação usavam sempre a frase "para não dar mau testemunho" quando era exortado a não praticar esportes, não estar com certos grupos ou não ir a lugares considerados "mundanos". Achava que excluir era uma demonstração de fé e bom testemunho. Hoje, entendo que o verdadeiro testemunho exige o oposto: proximidade e sensibilidade. É na encarnação — no habitar do mundo como Jesus habitou — que o testemunho ganha corpo.

O Verbo se fez carne e armou sua tenda entre nós. Essa tenda é presença, é vida compartilhada, é sinal visível da glória invisível. Testemunhar é tornar-se essa tenda no mundo. Mas nem toda presença é benéfica. Há quem entre num lugar e imediatamente provoque discórdia, rancor, tensão. A questão não é a presença, mas o que ela carrega. Que tipo de presença temos sido?

Na América Latina, a Igreja tem sido muitas coisas. Construiu escolas, hospitais, acolheu os pobres. Mas também legitimou escravidão, perseguiu pessoas e queimou em outras fogueiras. O problema nunca foi o projeto da Igreja, mas o tipo de pessoas que a compõem. Gente que, em vez de habitar o mundo com graça, o ocupa com violência e poder.

Mas também há outra possibilidade. A possibilidade de ser presença terapêutica, curativa, acolhedora. A transformação de Pedro é exemplo disso. Aquele que cortou a orelha do soldado tentando defender Jesus com violência, mais tarde se deixa transformar. Torna-se outro. Prega, sofre, é crucificado, como diz a tradição, de cabeça para baixo. De violento e impulsivo, torna-se testemunha.

Essa transformação é o centro da experiência cristã. Não se trata apenas de crer, mas de ser recriado. Não de conquistar, mas de se entregar. E, quando as pessoas olham para alguém que passou por esse processo, algo nelas muda. Porque ali está alguém que já não vive mais por si mesmo, mas pela presença do Espírito.

Testemunhar, por fim, é tornar-se esse sinal vivo de que Deus está entre nós. Não com palavras altivas, mas com uma vida coerente. Uma vida que ama, que se entrega, que transforma. Uma vida que, antes de dizer, representa um projeto maior.

O projeto de ter coragem para ser.

agradecimentos

Sou grato a Deus pela graciosidade e misericórdia, mesmo quando não tenho coragem suficiente para ser.

À minha esposa, Mariléa, sem a qual não teria condições de ausentar-me nas infindáveis horas dedicadas a livros e intuições, além do tempo para ler os rascunhos deste e de outros trabalhos. Sua dedicação e solidariedade me constrangem.

Agradeço também à Mundo Cristão por me convidar a embarcar neste projeto audacioso. Em especial, ao meu editor, Daniel Faria, pelo excelente e acurado trabalho, cuja paciência comigo, mesmo devendo-lhe textos antigos, faz-me acreditar um pouco mais na possibilidade de desenvolvermos a longanimidade.

sobre o autor

Kenner Terra é pastor da Igreja Batista de Água Branca (IBAB), em São Paulo. Graduado em Teologia e licenciado em Filosofia, é mestre e doutor em Ciências da Religião (UMESP) e pós-doutorando em Ciência da Religião na Pontifícia Universidade Católica de São Paulo (PUC-SP). É professor no Programa e Pós-doutorado em Teologia da FIURJ e foi docente na graduação em Teologia e no Programa de Pós-graduação em Ciências das Religiões na Faculdade Unida de Vitória. É membro da Rede Latino-americana de Estudos Pentecostais (RELEP) e da Associação Brasileira de Pesquisa Bíblica (ABIB). É coautor, com Gutierres Siqueira, de *Autoridade bíblica e experiência no Espírito* e autor de *O Apocalipse de João: Caos, cosmos e contradiscurso apocalíptico*, entre outras obras. Contribui regularmente com artigos em periódicos acadêmicos e jornais como *Folha de S. Paulo* e *A Gazeta*. É casado com Mariléa Terra, com quem tem três filhos, Beatriz, Roger e Gabriella.

Compartilhe suas impressões de leitura,
mencionando o título da obra, pelo e-mail
opiniao-do-leitor@mundocristao.com.br
ou por nossas redes sociais

Esta obra foi composta com tipografia Palatino
e impressa em papel Pólen Bold 70 g/m² na gráfica Imprensa da Fé